全国技工院校市场营销专业任务驱动型教材（高级技能层级）
全国高等职业学校市场营销专业教材

XIAOSHOU GUANLI

销售管理

（第二版）

主　编：王在勤
主　审：夏建友

中国劳动社会保障出版社

图书在版编目(CIP)数据

销售管理/王在勤主编. -- 2版. -- 北京：中国劳动社会保障出版社，2018

全国技工院校市场营销专业任务驱动型教材（高级技能层级） 全国高等职业学校市场营销专业教材

ISBN 978-7-5167-2405-7

Ⅰ. ①销… Ⅱ. ①王… Ⅲ. ①销售管理-高等职业教育-教材 Ⅳ. ①F713.3

中国版本图书馆CIP数据核字(2018)第091596号

中国劳动社会保障出版社出版发行

（北京市惠新东街1号 邮政编码：100029）

*

北京市艺辉印刷有限公司印刷装订 新华书店经销

787毫米×1092毫米 16开本 9.5印张 214千字

2018年5月第2版 2018年5月第1次印刷

定价：20.00元

读者服务部电话：（010）64929211/84209103/84626437

营销部电话：（010）84414641

出版社网址：http://www.class.com.cn

简介

本书为国家级职业教育规划教材，根据全国技工院校和全国高等职业学校市场营销专业教学实际，由人力资源社会保障部教材办公室组织编写。

本书从销售人员必备的管理知识入手，主要介绍了销售管理的相关内容，具体内容包括：销售管理概述、销售计划管理、销售组织管理、销售人员管理、销售区域与分销渠道管理、货品管理和客户管理。本书采用了任务驱动的编写思路，以能力培养为主线，以具体的任务为载体，使学生更容易掌握学习内容和学习方法。每个任务都配有相应的练习，使学生将所学知识进一步转化为销售管理能力。

本书由王在勤任主编，陆应松任副主编，尤维芳参加编写，夏建友任主审。

目录 CONTENTS

模块一　销售管理概述

知识目标

- 了解销售、销售管理的内涵及作用
- 了解销售管理的职能和内容
- 了解销售及销售管理的发展趋势

能力目标

- 能够表达销售活动的基本特征
- 能够描述销售管理的主要职能

相关知识

一、销售管理的概念

一般来讲，销售是指把企业生产和经营的产品或服务出售给消费者（客户）的活动。企业是一种以营利为目的的经济组织，它通过销售自己的产品和服务造福于社会，并通过销售取得收入和利润来求得自己的生存和发展。国际上一流企业之所以成功，首先在于它的销售成功，如可口可乐、微软、贵州茅台等公司都十分重视销售工作，并将销售工作做得非常出色。正因为如此，日本知名的营销咨询和实践专家牟田学认为“唯有销售，才是事业繁荣的全部基础”。

在企业内部，不同岗位的人对销售有不同的看法。对销售人员来讲，销售是战术问题，销售与推销同义，其销售目标是提高销售量和销售额，并尽量提高一次性回款率。对销售经理来讲，销售既是战略问题，又是战术问题，目的在于开拓市场，守住市场，提高市场占有率。对公司管理者来讲，销售是战略问题，目的在于通过销售实现企业的价值，并创造利润和信誉，树立企业品牌形象。

销售管理是企业营销战略管理的重要组成部分，因此，要搞好销售管理，必须首先了解销售管理的概念。销售管理的概念有狭义和广义之分。

狭义的销售管理专指以销售人员为中心的管理，在市场发育比较好、企业营销职能部门划分比较细的发达国家普遍持有这种观点。在这种观点中谈到销售管理时，一般是指对销售人员的管理。

广义的销售管理是对所有销售活动的综合管理，它是指为实现企业整体销售目标、把握市场机会和实现商品交换而进行的包括建立销售目标、协调各种销售工具、确定销售预算、设计销售方案、评估和控制销售行动等一系列具体管理活动过程。我国学者大多数都持有这种观点，这是因为我国市场经济发育不完善，企业中销售活动划分不够细，销售活动包括的范围较广。

二、销售管理的内容

菲利普·科特勒（Philip Kotler）认为，企业销售管理涉及三个方面的内容：一是公司在设计销售队伍时应做什么决策；二是公司怎样招聘、挑选、训练、指导、激励和评价其销售人员；三是怎样提高销售人员在推销、谈判和建立关系营销上的技能。

查尔斯·M. 富特雷尔（Charles M. Futrell）认为，销售管理涉及五个方面的内容：一是制订销售计划，即要建立一个面向客户的销售团队；二是设计销售组织，即要选择合适的人，并建立适当的组织结构；三是对销售人员进行科学训练；四是引导和指挥销售人员提高销售效率；五是对销售人员和销售结果进行评价，以指导未来的销售活动。

在我国，一般认为企业销售管理的内容应涉及制订销售计划、设计销售组织、指挥和协调销售活动、评价与改进销售活动四个方面。

具体来说，企业销售管理的内容可以概括为“一个中心，两个重点，五个日常管理”，即“125 模式”。

1. 一个中心：销售管理的中心是围绕销售额的增加来进行管理。

2. 两个重点：要对销售人员和客户进行重点管理，即公司要选择优秀的销售人员并对他们进行培训，组建高效的销售团队，以找到合格的、高利润的客户，并运用关系导向加强对客户的维护与管理。

3. 五个日常管理：目标管理，包括销售额指标、客户指标（新客户数、每个客户订货数等）、终端陈列指标、销售行政指标等；行为管理，包括对销售人员的拜访计划、拜访路线、拜访频率、拜访礼仪、拜访效率等进行管理；信息管理，包括对涉及销售的所有信息的收集、分析和使用进行管理；时间管理，包括对销售活动的时间进行分配、使用和效率分析；客户管理，包括对客户基本资料的管理、对客户构成的分析、对客户关系的维系、对客户信誉与风险进行管理等。

三、销售管理的程序

企业销售管理的目的是执行企业的市场销售战略计划，其工作的重点是制订和执行企业的销售策略，对销售活动进行管理。企业销售管理要遵循一定的程序，通常从市场销售计划的制订开始。

1. 制订销售计划及相应的销售策略

企业在确定销售策略后，销售部门便需要据此制订具体细致的销售计划，以便开展、执行企业的销售任务，以达到企业的销售目标。销售部门必须清楚地了解企业的经营目标、产品的目标市场和目标客户。在对这些问题有了清晰的了解之后，才能够制订出切实有效的销售策略和计划。

2. 建立销售组织并对销售人员进行培训

销售部门需要研究并确定如何组建销售组织架构，确定销售部门的人员数量、销售经费的预算、销售人员的招聘办法和资历要求等。

在销售计划的制订和执行过程中，组织销售部门、划分销售地区、组建销售队伍和安排销售人员的工作任务是一项非常重要的工作。销售部门需要根据目标销售量、销售区域的大小、销售代理及销售分支机构的设置情况、销售人员的素质水平等因素进行评估，以便确定销售组织的规模和销售分支机构的设置，并根据销售组织的规模和销售分支机构的情况对销售人员进行有针对性的培训。

3. 确定销售人员的个人销售指标，将销售计划转化为销售业绩

销售工作，或者说销售人员与目标客户进行接触的最终目的，是出售产品及维持与客户的关系，从而为企业带来销售业务及利润。销售人员的销售业绩一般以销售人员所销售出的产品数量或销售金额来衡量。此外，销售人员所销售出的产品的利润贡献是衡量销售人员销售业绩的另一个标准。对于一些需要重复购买产品的客户，销售人员还要维持与这类客户的关系，因此，与客户维持业务关系的能力及对客户的售后服务质量也是考核销售人员的一个重要因素。

4. 对销售计划的成效及销售人员的工作表现进行评估

评估销售人员的工作表现是一项重要的工作，销售部门必须确保既定的工作计划及销售目标能够完成。对销售人员的工作表现进行评估主要是检查每一个销售人员的销售业绩，销售业绩包括产品的销售数量、完成销售指标的情况和进度、对客户的拜访次数等各项工作。对销售人员销售业绩的管理及评估必须定期进行，对评估的事项必须订立明确的准则，以使销售人员能够有规可循。

对销售人员的工作表现进行评估更重要的是要检验销售策略和计划的成效，从中总结出经验或教训。成功的经验和事例应该向其他销售人员进行推广，失败的原因也应该供其他销售人员借鉴。对销售业绩好的销售人员应当给予适当奖励，以促使他们更加努力地做好工作；对销售业绩差的销售人员，应当给他们指出需要改进的地方，并限时予以改进。

四、销售管理的职能

销售管理是一个不断循环的运转过程，它不仅是调整整个企业系统适应消费需求的过程，还是企业内部各种职能协调配合的过程。每一次销售活动都意味着一个管理过程，是企业销售管理计划、组织、领导、控制四项职能协调运转的过程。

1. 计划职能

计划职能是企业销售管理的首要职能，贯穿于企业销售管理全过程，是企业销售管理过程的灵魂。销售计划的核心内容就是销售目标在各个具有重要意义方面的合理分解，具体内容有：在分析当前市场形势和企业现状的基础上，制定明确的销售目标、回款目标和其他定性与定量目标；根据目标编制预算和预算分配方案，落实具体执行人员、职责和时间。分解过程既是落实过程，又可以通过分解检验目标的合理性与挑战性，发现问题后及时调整。合理的销售计划在实施过程中既能够反映市场危机，也能够反映市场机会，同时也是严格管理、确保销售工作效率和工作力度的关键。

2. 组织职能

组织职能是企业为达到销售目标，在实施企业销售方案过程中对所需资源的调配。销售组织结构对企业满足客户需求的能力、盈利能力、运营成本都有重要的影响。一般组织结构设计应遵循层次原则、统一指挥原则、控制跨度原则、职能分工原则、专业化原则等。影响企业销售部门组织形式的因素包括外部环境、企业的经营思想、企业所处的发展阶段、业务范围和经营战略等。

3. 领导职能

为了保证销售业务的正常运行，需要对所有的销售人员进行领导。要想让销售人员的行动取得理想的成效，就要让销售人员建立共识，赋予销售人员责任心和使命感，让销售人员确切了解企业总体销售目标，知道自己必须做哪些具体工作和要求达到什么标准。这样，销售人员才能更有效地依照工作程序和标准开展工作。

4. 控制职能

控制职能即对销售战略和计划的效果进行衡量与评价，并采取相应的修正措施，以确保销售目标的实现。

如果不对销售过程进行有效的管理控制，就会造成一系列问题：销售人员行动无计划，无法控制销售人员的行动，从而无法保证销售计划的实现；销售人员的销售活动过程不透明，增大企业经营的风险；销售人员工作效率低下，使销售费用增加；销售人员的销售水平不提高，影响企业的社会效益和经济效益。因此，为落实计划和实现目标，销售管理过程要时刻关注销售人员和业务的发展动向，并制定一系列衡量标准，掌握工作反馈情况，通过绩效考核对整体销售业务和销售人员进行控制。

五、销售管理的发展趋势

随着经济全球化的发展，人们的需求更加多样化。数字时代的到来以及可被无限分割、定制和个性化的市场的形成，使得知识营销、网络营销、整合营销日益成为现代营销的主流。

1. 知识化趋势

随着知识型社会的建立，知识将成为生产中最重要的要素，这并不是对资本重要性的否定，而是资本地位下降的表现。销售管理的知识化趋势主要表现在企业要想“持续、健康、稳定”地发展，就必须使企业销售人员全身心地投入学习型组织中。在企业中形成尊重知识、全民学习、不断创新的气氛，才能实现在知识经济时代创造未来、把握未来的目标。

2. 数字化趋势

模拟信号将在新经济形势下被数字信息取代，信息被处理成数字形式后可经过光纤快速传输，这为销售的变革提供了物质前提。销售管理的数字化趋势体现在数字化管理的实施上，在企业内部实现大数据和信息共享，使得销售管理工作更加科学有效。

3. 个性化趋势

市场不断地细分化和个性化是未来市场发展总的趋势。菲利普·科特勒在其《想象未来的市场》中指出：“未来市场经营者将把注意力由集中于大的群体转移到寻找特殊的、合适的目标。因为这些目标所在之处，必有着财富的存在。”个性化的销售最终是以产品满足单个消费者需求为归宿的，它已经不是消费量的满足，而是质的差异的获得。销售管理的个性化趋势，就是要将注意力放在改善客户关系、培养客户忠诚度等工作上。

4. 网络化趋势

网络销售（E-Marketing）就是以互联网为基础，利用数字化的信息和网络媒体的交互性来辅助实现销售目标的一种新型销售方式。新经济发展的重要奠基石是互联网，企业产品的设计、生产、销售、流通及售后服务等更多将会通过数字化网络实现。网络销售必将彻底改变传统的、实体化的销售体制，在销售管理上，形成一种数字化网络与传统销售体系相结合的新的销售系统，使销售管理无论是在企业内部还是企业外部，都将变得更为便捷、有效，且更为省时、省钱、省力。

5. 合作化趋势

共享知识、共用信息将为企业创造极大的价值，网络技术的应用为企业共享知识和共用信息提供了可能。销售管理的合作化趋势，就是根据自身战略目标和内部资源状况，在更为广泛的空间去寻找能为自己提供持续发展所需资源的企业，并在充分利用信息网络技术的前提下，打破企业边界，构建虚拟组织，真正实现资源共享、优势互补、相互促进，以提高企业的竞争优势。

6. 品牌化趋势

品牌是把企业的信誉、文化、产品、质量、科技、潜力等重要信息凝练成一个符号，着力塑造企业的社会知名度和美誉度，使产品随品牌符号走进消费者心里。品牌是衡量企业及其产品社会公信度的尺度，是企业的核心竞争力。销售管理的品牌化趋势，体现在树立和强化销售人员的品牌意识，销售人员应明确自己不仅是销售产品，更是销售品牌的形象和信誉。

思考与练习

1. 简述销售管理的概念。
2. 销售管理的内容有哪些？
3. 简述销售管理的发展趋势。

模块二　销售计划管理

南京WW公司是一家经营快速消费品的企业，其产品主要有膨化食品、饮料、饼干、糖果四大类，目前销售主要集中在江苏省各城市（南京、扬州、镇江、徐州、苏州、无锡、常州、南通、连云港），依靠批发商、直营店（卖场、超市、大型百货商店等）进行销售，现有销售人员48名。2015年全公司实现销售收入9 600万元，销售利润3 360万元。公司2016年将增加广告投入100万元，同时将会制定更有吸引力的员工激励方案及新产品开发等措施，这些举措预计将增加2%左右的销售额。有关资料见表2—0—1和表2—0—2。

表2—0—1　　WW公司2013—2015年产品销售情况　　单位：万元

产品类别 \ 销售额 \ 年份	2013年	2014年	2015年
膨化食品	2 150	2 100	2 300
饮料	1 350	1 800	2 050
饼干	2 800	3 150	3 500
糖果	1 500	1 450	1 750
合计	7 800	8 500	9 600

表2—0—2　　2013—2015年本企业及业界（省内）销售情况　　单位：万元

年份	企业销售收入	业界销售实绩	企业销售成本
2013	7 800	97 500	5 070
2014	8 500	100 000	5 520
2015	9 600	107 000	6 240

有着五年销售经验的王明由于精明能干、业绩突出被提升为WW公司销售经理。他在高兴之余，又有几分担心，自己从来没做过销售经理，摆在他面前的问题很多，要学的东西很多，不知从何处着手，尤其困扰他的是下一年度的销售计划该如何编制的问题。

一、销售计划的定义

销售计划是指企业根据历史销售记录和已有的销售合同，综合考虑企业的发展和现实的市场情况，制订的针对部门、人员的关于一定时间范围的销售指标（数量或金额）。企业以此指标为依据来指导相应的生产作业计划、采购计划、资金筹措计划以及其他计划的安排和实施。销售计划根据时间长短不同，可以分为月度销售计划、季度销售计划、年度销售计划等。销售计划根据范围大小不同，可以分为企业总体销售计划、分公司（部门）销售计划等。

制订销售计划的目的不仅在于分解销售目标量并落实责任，更重要的是明确为了达成销售目标需要采取的行动及执行的任务。

二、销售计划制订的程序

销售计划制订的程序如图 2—0—1 所示。

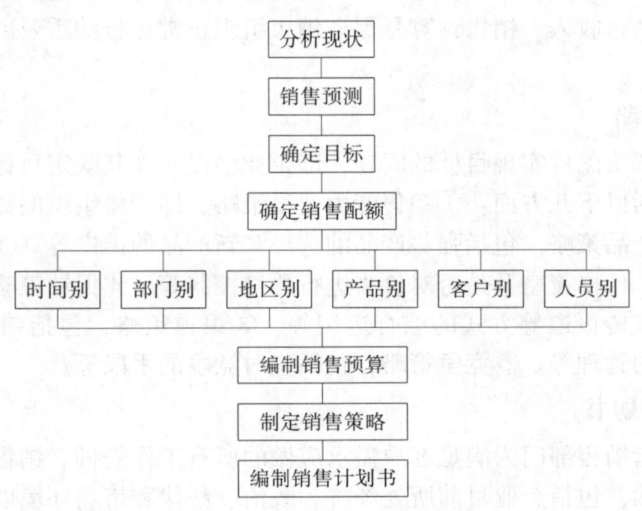

图 2—0—1　销售计划制订的程序

1. 分析现状和销售预测

在编制销售计划的过程中可以利用 SWOT 分析法，即从优势（Strengths）、劣势（Weaknesses）、机会（Opportunities）和威胁（Threats）四个方面对当前企业的市场状况、竞争对手及其产品、客户、销售渠道和促销工作进行详细的分析，然后结合企业历史情况评价进行销售预测。

2. 确定目标

销售部门在确定销售目标时，必须在市场调查和销售预测的基础上，结合本企业的销售战略、行业特点、竞争对手及企业现状来确定，在确定目标时需考虑以下几点：

（1）区域市场状况。

（2）竞争状况及市场占有率。

（3）过去的销售业绩。

（4）新产品推出的效果、价格政策及预期的经济条件。

确保销售目标与企业的战略目标一致，主要依据销售额目标，另外还会涉及现在市场份额、待开发市场规模等市场目标和利润等财务目标。

3. 确定销售配额

企业年度销售目标确定后，要关心的就是如何实现这些目标。首先应该将这些目标按产品类别、区域类别、部门类别、客户类别、时间类别等进行分配。

销售分配的核心在于产品类别的分配，以此为轴心而逐次决定区域类别与部门类别的分配额。然后，再进一步分配每一位销售人员的销售额，以便迅速达成销售目标。在如此细分销售目标额后，再按月份分配，拟订每个月份的目标额。最后，再依此销售目标细拟实施计划，并成立相应的销售组织和做出适当的人事安排。

4. 编制销售预算

要实现销售目标，还必须考虑费用问题。编制销售预算可以让企业以尽可能少的资金投入取得尽可能多的销售收入。销售预算是保证销售组织正常运行的重要因素，也是企业销售控制的核心。

5. 制定销售策略

销售策略主要解决怎样实现目标的问题，即企业借以实现其既定目标的各种方法。销售策略的内容一般包括以下几方面：①销售能力建设策略，即销售组织的数量、质量及客户的数量和结构等。②产品策略，包括强势产品的选择和新产品的推广等。③价格策略，包括确定合理的价格体系、价格策略及是否对价格进行严格控制等。④促销策略，包括广告、人员推销、营业推广、宣传报道等方式的综合运用等。⑤渠道策略，包括销售渠道的设计与开发、销售渠道成员的管理等。⑥竞争策略，包括应对竞争的手段等。

6. 编制销售计划书

销售计划书是指销售部门为满足客户需求应做的所有工作安排。销售计划书通常包括以下内容：①企业现状，包括企业目前所处经济、政治、法律和市场环境以及竞争对手情况等信息。②SWOT 分析。③组织目标和定额，包括销售目标、财务目标及其定额。④实施策略和行动计划，提供实现目标的战略和战术，一般采用 STAR 模式，即策略（Strategy）、时间表（Timetable）、具体行动（Action）和相关资源（Resources）。⑤销售预算。

销售计划确定后，各部门就必须按既定计划执行，以求达到销售目标。在计划执行过程中，企业要按评价和反馈制度来评价计划执行情况。执行过程中如遇到环境变化等，销售部门要及时修正计划或改变策略，对销售活动实行有效控制，以适应新的情况，取得最佳销售效果。

销售计划制订的核心是确定销售目标、确定销售配额和编制销售预算三个方面，下面通过完成三个任务着重对上述三个方面进行分析。

任务 1 确定销售目标

知识目标

- 理解销售目标的含义
- 掌握确定销售目标的方法

能力目标

- 能够运用相应方法确定销售目标

任务引入

通过学习，王经理了解了制订销售计划的程序，明确了制订销售计划首先要确定销售目标。王经理该如何为WW公司确定下一年度的销售目标呢?

任务分析

在本任务中，应从明确销售目标的含义及确定销售目标的程序入手，逐步探讨影响销售目标确定的因素和确定销售目标的主要方法。

相关知识

一、确定销售目标的程序

销售目标规定了销售单位和销售人员必须实现的最低目标，用于衡量和考核销售单位和销售人员完成任务的状况。如果销售目标确定得当，不仅可以激励销售人员更好地完成任务，而且可以提升企业市场份额。销售目标的内容包括销售计划的总体目标（销售量、销售收入）和分类目标。分类目标其实是对总体目标的分解，包括阶段性目标、区域性目标、分产品目标、硬性目标、软性目标等，需要进行细致的描述。

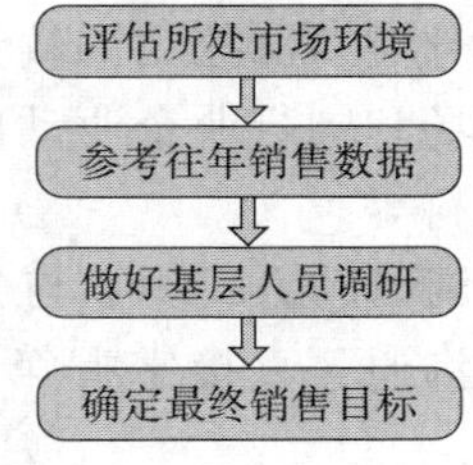

图2—1—1　确定销售目标的程序

在不同的市场阶段，销售目标的确定方法和步骤都不尽相同。在确定销售目标时，通常按照如图2—1—1所示的程序进行。

1. 评估所处市场环境

确定销售目标的第一步是了解并评估企业产品所处的市场环境。在这一阶段需要收集大量的信息，包括地区人口、基本消费群体的消费水平和购买能力、行业环境、竞争状况、自身产品情况等。例如，分析地区人口、基本消费群体的消费水平和购买能力，可以决定市场潜力大小；分析行业的发展趋势，可以发现有些行业（如快速消费品行业）的发展是逐年递增的，而有些行业（如白酒行业）的发展却在萎缩；分析竞争状况，包括同类产品竞争对手近两年的推广方案、广告力度、新品开发等营销推广策略，以及产品不同但用途相同或相似的竞争者策略，可以根据这些策略做出有针对性的决策；分析自身品牌的市场状况，如市场占有率、市场投入效果、产品所处生命周期的阶段等，可以提高自身产品的质量和品牌效应。

对收集来的市场信息，可以利用SWOT分析法进行深入分析，即企业的优劣势分析以及竞争威胁和存在机会分析。通过SWOT分析，可以从中了解市场竞争的格局及态势，整合和优化资源配置，作为编制年度销售目标的依据。

2. 参考往年销售数据

往年销售数据是确定销售目标的重要因素之一。在参考往年销售数据时，需要尽量多找几年的销售数据（至少3年），而不能只看最近一年的销售数据。另外，销售数据只是参考依据，不是直接确定目标的基数。参考数据的目的是结合所处的市场环境，找出数据的发展趋势。

往年的销售数据包括不同产品的总体销售状况、各区域不同产品的销售情况对比、各月份不同产品的销售情况对比、各销售点不同产品的销售情况对比、与历史同期销售情况对比、不同产品的费用比率等。

当企业拥有多个（类）产品的时候，对每个（类）产品的销售情况都应给予关注和了解，以掌握不同产品在销售额和利润中所占的比例，以及各自对资源的利用效率。通过这样的分析可以淘汰缺乏竞争力的产品，将资源集中在可以带来最大效益或者最大发展的产品上。

3. 做好基层人员调研

在制定年度销售目标前，要深入企业下属各基层部门和区域市场进行全方位调研，收集企业内部销售资料和市场信息资料。企业内部销售资料主要是销售额资料，可采取下列分类方法对销售额加以收集整理：①按产品、区域、客户、部门、销售人员、销售途径等分类。②按销售政策实施结果分类。③按销售费用分类。市场信息资料主要包括有关市场和同行业企业动向的信息资料、有关产品市场占有率变化的信息资料、客户方面的资料等。

调研的方式除了与分公司人员和代理商访谈外，还要深入最基层，与零售商和消费者直接沟通，直接掌握第一手资料。最直接的一线调研数据是预测下一年度销售状况的基础。

4. 确定最终销售目标

在充分调研和参考往年数据的基础上，再结合本企业下一年度的发展策略和市场投入（如广告投入），就可以确定企业下一年度的销售目标了。

二、确定年度销售目标的方法

销售量和销售收入目标是销售目标的最主要构成要素，因此，确定销售目标实际上就是确定年度销售量或销售收入目标值。确定的方法有八种：根据销售成长率确定、根据市场占有率确定、根据市场扩大率（或实质成长率）确定、根据损益平衡点确定、根据经费倒算确定、根据消费者购买力确定、根据各种基数确定和根据销售人员申报确定。这里介绍其中最常用的四种方法。

1. 根据销售成长率确定

销售成长率是当年销售实绩与上一年度销售实绩的比率。其计算公式如下：

$$\text{销售成长率} = \frac{\text{当年销售实绩}}{\text{上一年度销售实绩}} \times 100\%$$

$$\text{下一年度的销售收入目标值} = \text{当年销售实绩} \times \text{销售成长率}$$

企业的销售成长率不仅受市场需求及市场占有率的影响，而且受到竞争者的影响。所以，要想得到比较准确的销售成长率，需要综合考虑过去几年的销售成长情况，求出平均成长率。其计算公式如下：

$$平均成长率=\sqrt[n]{\frac{当年销售实绩}{基年销售实绩}}\times 100\%$$

式中 n 值的求法：以基年为 0，然后计算当年相对于基年的第几年，如果是第 3 年，则 n 为 3。

以 WW 公司为例（见表 2—0—1），可以求得 2013—2015 年的销售平均成长率为：

$$平均成长率=\sqrt[2]{\frac{9\ 600}{7\ 800}}\times 100\%=110.9\%$$

所以，若根据销售成长率，可以确定 2016 年 WW 公司的销售收入目标值为 9 600×110.9%=10 646.4 万元。

2. 根据市场占有率确定

市场占有率是在一定时期、一定范围内企业销售额占业界销售额的比率。使用这个方法，首先要通过需求预测求出业界总销售收入。其计算公式如下：

$$市场占有率=\frac{本期企业实现销售收入}{本期业界总销售收入}\times 100\%$$

下一年度的销售收入目标值=下一年度业界总销售收入(预测值)×市场占有率

对一个企业而言，市场占有率代表了企业的销售实力、竞争能力和市场地位，所以企业都会千方百计地扩大自己的市场占有率。但是，由于法律及市场竞争的影响，企业的扩张会受到一定的限制，企业市场占有率目标只能以企业现有的销售能力和竞争能力来确定。业界销售预测值则需要通过科学的市场调查和预测求得。

以 WW 公司为例（见表 2—0—2），2013、2014、2015 年度市场占有率分别为 8%（7 800÷97 500）、8.5%（8 500÷10 0000）、8.97%（9 600÷107 000），是逐年递增的。所以，若 2016 年 WW 公司的市场占有率目标为 9%，通过市场调研，2016 年业界销售预测大致为 115 000 万元，则可以确定 2016 年 WW 公司的销售收入目标值为 115 000×9%=10 350 万元。

3. 根据市场扩大率（或实质成长率）确定

这是根据企业希望其市场地位的扩大量来决定销售收入目标值的方法。其计算公式如下：

$$市场扩大率=\frac{当年市场占有率}{上一年度市场占有率}\times 100\%$$

$$实质成长率=\frac{企业成长率}{业界成长率}\times 100\%$$

下一年度的销售收入目标值=当年销售实绩×业界成长率×市场扩大率

当企业当年的销售额等于上一年度的销售额时，不一定是“维持了现状”，只有当实质成长率为 100%时，也就是企业成长率与业界成长率相等时，才是“维持了现状”。只有当企业成长率高于业界成长率时，才可称为“实质的成长”。

市场扩大率与实质成长率的关系见表2—1—1。

表2—1—1　　市场扩大率与实质成长率的关系　　单位：万元

	上一年度	当年	成长率
企业实绩	1 000	1 500	150%（企业成长率）
业界实绩	10 000	12 000	120%（业界成长率）
市场占有率	10%	12.5%	
市场扩大率=12.5%÷10%×100%=125%			
实质成长率=150%÷120%×100%=125%			

根据表2—1—1，可知实质成长率=125%>100%，说明该企业有了“实质的成长”。

以WW公司为例（见表2—0—2），2015年市场扩大率为8.97%÷8.5%×100%=105.5%，实质成长率为113%（2015年的企业成长率=9 600/8 500）÷107%（2015年的业界成长率=107 000/100 000）×100%=105.6%。

所以，若根据市场扩大率，可以确定2016年WW公司的销售收入目标值为9 600×107%×105.5%=10 836.96万元。

4. 根据损益平衡点确定

销售收入可分成“销售成本”与“销售利润”两部分，成本可再分解成“固定成本”与“变动成本”两部分。因此，当销售收入（或销售数量）为0时，其变动成本不发生，而固定成本却必然产生。为了能确保损益相等，务必使销售收入与变动成本的差额等于固定成本，如下列算式所示：

$$销售收入=成本+利润$$

$$销售收入=变动成本+固定成本+利润$$

$$销售收入=变动成本+固定成本(损益为0时)$$

变动成本随销售收入（或销售数量）的增减而变动，可通过变动成本率求算每单位销售收入的增减率，计算公式如下：

$$变动成本率=\frac{变动成本}{销售收入}\times100\%$$

$$销售收入(X)-变动成本率(V)\times销售收入(X)=固定成本(R)$$

可利用上述公式，导出下列损益平衡点公式：

$$销售收入(X)=\frac{固定成本(R)}{1-变动成本率(V)}$$

如果考虑企业的目标利润（J），那么不难推出一定目标利润下的销售收入目标值（XR）：

$$销售收入目标值(XR)=\frac{固定成本(R)+目标利润(J)}{1-变动成本率}$$

这种方法一般应用于企业先确定年度目标利润，销售部门再根据固定费用和变动成本率反推年度销售收入目标值的情况。

任务实施

一、评估所处市场环境

王经理采用目前企业经常使用的 SWOT 分析法，对企业的优势、劣势以及营销环境威胁和存在的机会进行分析，做出 SWOT 分析表，见表 2—1—2。

表 2—1—2　　SWOT 分析表

优势（S）	劣势（W）	机会（O）	威胁（T）
优秀的品牌形象，良好的商业信用	宣传力度不够	快速消费品行业仍处于成长期，市场需求增长强劲	消费者健康意识增强，减少了对膨化食品的需求
稳定的销售渠道，良好的客户关系，较高的市场占有率	销售人员流动性较大，激励措施不到位	出现向其他地理区域扩张、扩大市场份额的机会	市场竞争日趋激烈
产品多样化，种类齐全	销售组织管理力量薄弱	生活水平的提高、快速消费品需求的多样化，为企业发展提供了广阔的空间	食品原料价格上涨，劳动力成本增加
积极进取的公司文化，较强的组织学习能力	新产品研发速度跟不上市场需求	我国快速消费品行业还处于完全竞争状态，没有形成领导品牌	客户或供应商的谈判能力提高

通过表 2—1—2 可以看出，WW 公司具有多年经营快速消费品的经验，在品牌形象、销售渠道、市场占有率和产品品种等方面具有一定的优势。从外部环境来看，行业市场需求增长强劲，企业发展空间广阔，为实现公司销售目标创造了良好的条件。同时，也应该看到公司在实现销售目标过程中所面临的困境和挑战，只有发挥产品核心竞争力，形成一个强大的产品组合战斗群，保持增长速度，增加市场份额，才能发挥优势、转化劣势、把握机遇、迎接挑战，确保销售目标的实现。

二、参考往年销售数据

王经理调出了近三年本公司的销售资料，包括各区域市场分产品、分月别、分客户的销售情况和销售费用情况，对每类产品的销售情况给予关注和了解，以掌握不同产品在销售额和利润中所占的比例、不同产品的总体销售状况、各区域不同产品的销售情况对比、各月份不同产品的销售情况对比、各区域市场不同产品的销售情况对比、与历史同期销售情况对比、不同产品的费用比率等。同时收集了快速消费品行业近几年的销售数据，了解行业发展的现状和趋势，作为确定销售目标的参考因素。

三、做好基层人员调研

王经理在制定年度销售目标前，来到几个有代表性的市场进行蹲点调研，与分公司人员和代理商进行访谈，充分听取基层人员的意见和建议，走到最基层与零售商和消费者直接沟通，掌握了第一手资料。

四、确定销售目标

根据 WW 公司往年的做法，王经理决定根据销售成长率来确定销售目标额。前面已经求得 WW 公司的销售平均成长率为 110.9%，此外，考虑到公司 2016 年将增加广告投入 100 万元，同时将制定更有吸引力的员工激励方案及新产品开发等措施，这些举措预计将增加 2%左右的销售额。因此，2016 年预计销售成长率将达到 112.9%（110.9%+2%）。

$$销售收入目标值=9\ 600\times112.9\%=10\ 838(万元)$$

在广泛听取各方面意见和充分讨论的基础上，王经理将 2016 年销售收入目标值确定为 10 800 万元。

思考与练习

1. 制订销售计划前应该先做哪些工作？
2. 年度销售计划的核心内容是什么？
3. 确定销售目标的基本程序是什么？
4. 分别根据市场占有率、市场扩大率（或实质成长率）来确定 WW 公司 2017 年销售收入目标值。
5. 某商业企业 2014 年实现销售收入 1 000 万元，2015 年实现销售收入 1 750 万元，2016 年实现销售收入 1 500 万元，试计算（小数点后保留两位）：

（1）2016 年，该企业的销售成长率。

（2）以 2014 年为基年，计算 2014—2016 年的销售平均成长率。

6. 根据资料（见表 2—1—3），完成以下问题。

（1）企业成长率是多少？业界成长率是多少？

（2）企业上一年度和当年市场占有率各是多少？

（3）市场扩大率是多少？

（4）实质成长率是多少？

表 2—1—3　　销售资料　　单位：万元

	上一年度	当年	成长率
企业实绩	200	242	?
业界实绩	2 000	2 200	?
市场占有率	?	?	

任务 2　确定销售配额

知识目标

➢ 掌握确定销售配额的方法和程序

能力目标

➢ 能够按照各种类别分配销售配额

任务引入

在模块二任务 1 中，王经理已经确定了 WW 公司 2016 年销售收入目标为 10 800 万元，按照制订销售计划的程序，下一步需要进行销售配额的确定。需要王经理将总的销售目标，按照产品品种、区域、客户、销售人员和时间进度等进行分配，即确定各个类别的销售配额。

任务分析

销售配额就是分配给各部门和销售人员在一定时期内完成的销售任务，是销售人员需努力实现的销售目标。科学确定销售配额，有助于销售管理人员规划每个计划期的销售量及利润，安排销售人员的行动，也可以有力地激励每个销售人员更好地完成任务。任何一个具体的销售工作都可以选择那些与工作密切相关的配额，而其中销售量配额是最常用、最重要的配额。本任务中的确定销售配额主要是指销售量配额。

相关知识

一、销售配额的类型

企业使用的销售配额通常有四种，即销售量配额、财务配额、销售活动配额、综合配额，其关系如图 2—2—1 所示。

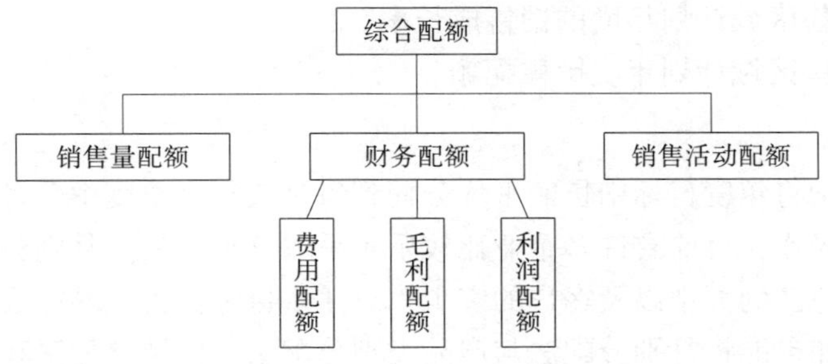

图 2—2—1　销售配额类型及其关系

二、销售量配额

销售量配额一般用销售收入（销售额）来表示。在营销实践中，最容易、最常使用的设置销售量配额的方法是：以该地区（产品、客户等）过去的销售量为基础，综合考虑影响销售的各种因素，以销售成长率来确定当年的销售配额。如果当年期望的销售成长率为10%，则该区域及每个销售人员的配额就是上年的配额加上10%，即是上年配额的110%。在确定销售量配额时，通常要考虑以下因素：过去的销售业绩，区域市场情况，行业及竞争情况，新产品推出的预计效果、价格政策及预期的经济条件，公司激励政策等。

三、确定销售配额的方法

1. 区域分配法

区域分配法是指根据销售人员所在销售区域的大小与客户的购买能力来分配目标销售额。这种方法的优点在于可以对区域市场进行充分的挖掘，使产品在当地市场的占有率逐渐提高，因此，比较容易为销售人员所接受。其缺点在于很难判断某地区所需商品的实际数量，以及该地区潜在的消费能力。所以，在分配目标销售额时，必须考虑各个地区的经济发展水平、人口数量、生活水平、消费习惯等因素。按区域分配销售配额的方法见表2—2—1。

表2—2—1 按区域分配销售配额的方法

销售区域 项目	销售区域A	销售区域B	销售区域C	销售区域D	合计
上一年销售额					
预计成长率（%）					
计划年销售配额					

计算步骤如下：

（1）取得各销售区域上一年度的实际销售额资料。

（2）预计各销售区域计划年度的销售成长率。

（3）计算各销售区域计划年度销售配额。

2. 月别分配法

月别分配法是指将年度目标销售额平均分配到每月或每个季度中。月别分配法的优点在于简单易行、容易操作，目前有许多企业比较乐于采取这种方法。月别分配法的缺点在于忽略了销售人员所在地区的大小以及客户的多少，只注重目标销售额的完成，从而无法调动销售人员的积极性。如果能将月别分配法与产品类别分配法、区域分配法和客户类别分配法结合起来，效果会更好。月别销售比重分析表见表2—2—2。

表 2—2—2　　月别销售比重分析表

月别	3 年前实绩	2 年前实绩	1 年前实绩	前 3 年合计	月别比重（%）
1					
2					
…					
12					
合计					

计算步骤如下：

（1）收集过去三年间的月别销售实绩。

（2）将过去三年间的销售实绩进行合计。

（3）得到过去三年间的月别销售比重。以每个月的三年合计实绩除以三年全部月份的合计实绩，即可得到月别销售比重，将计算所得按月填入表中。从每月销售情况的不同，可以看出季节因素的变动对每月销售额的影响。

（4）确定月销售计划目标。在最终确定的销售总额中，将过去三年间月别销售比重予以运用，即可得到每个月的销售配额。

3. 产品类别分配法

产品类别分配法是指根据销售人员销售的产品类别来分配目标销售额。采用这种方法的前提条件是培养尽可能多的忠诚客户。因为，如果客户经常改变需求，变换需求的产品，就很难判断某种产品的客户大体上有多少人，产品类别分配法也就失去了意义。所以，必须进行市场调查，及时准确地了解客户需求的变动情况，从而采取一系列措施来满足客户需求，创造一大批品牌的忠诚者。这样，产品类别分配法也就有据可依了。

具体方法如下：

（1）取得产品类别销售比重。将上一年度同月的产品类别销售比重及过去三年同月的产品类别销售实绩等找出，计算产品类别销售比重，了解销售较好的产品群及利益率较高的产品群。

（2）根据产品销售政策调整销售比重。参考产品销售比重政策、利害关系人的意见及产品需求预测等项目来修正过去三年间及去年同月的产品类别销售比重。

（3）用修正过的产品销售比重来设立产品类别计划。使用修正后的产品类别销售比重和产品类别销售总额计划，即可得出产品类别的计划销售金额。

4. 部门别、客户别分配法

部门别、客户别分配法是指以某一销售部门及部门的客户为目标来分配目标销售额。

具体方法如下：

（1）取得部门别、客户别的产品销售比重。将上一年度同月的部门别、客户别的产品销售比重予以分析研究（见表 2—2—3）。

表 2—2—3　　部门别、客户别销售分析表

部门	客户		上一年度同月		当年月计划	
			销售额（元）	销售比重（%）	销售额（元）	销售比重（%）
第一销售分公司	A 级客户	A1				
		A2				
		A3				
	合计					
	B 级客户	B1				
		B2				
		B3				
	合计					
第二销售分公司	A 级客户	A1				
		A2				
		A3				
	合计					
	B 级客户	B1				
		B2				
		B3				
	合计					

（2）部门别及客户别产品销售比重的调整。将上一年度同月部门别、客户别产品销售的比重按下列三项内容进行调整：

1）部门别、客户别销售方针。

2）部门主管及客户动向意见。

3）客户的信用程度、信用状况、与竞争对手的竞争关系及拓展新客户的目标等。

（3）确定部门别、客户别销售配额。用调整后的销售比重乘以部门销售计划目标，即可得出部门别、客户别的销售配额。

5. 销售员分配法

销售员分配法是指根据销售人员能力的大小来分配目标销售额。这种方法有利于激励能力高的销售人员继续努力，鼓励能力较低的销售人员提高其销售能力。但是，这种方法也容易使销售人员内部产生等级之分，使能力高的销售人员产生自满情绪，使能力不够的销售人员产生自卑感，从而产生内部矛盾。

总之，在实际操作中，以上这些方法尽量不要单独使用，应该将两个或两个以上的方法结合起来使用，从而扬长避短、优势互补。

四、确定销售配额时的注意事项

在确定销售配额过程中需要把握好以下几个问题。

1. 各区域的销售配额达到公平、可行、完整、易于理解、灵活、可控

具体来说，“公平”是指销售配额能真实地反映区域市场的销售潜力，并能够区分新开拓市场与既有市场；“可行”是指销售配额可行且具有一定的挑战性；“完整”是指与销售配额相关的各种定额明确；“易于理解”是指销售配额数量及其中的道理易于被理解；“灵活”是指销售配额能够依据环境的改变而改变，且能够针对销售人员水平不同而进行调整，以保持销售人员士气；“可控”是指能检查销售配额执行情况，以便采取相应措施。

2. 配额分配后例外事件的处理

即使配额分配已经决定，在执行过程中也会出现一些例外事件。例如，在分公司某销售人员的责任区，销售人员为分公司拿到订单，销售发票却由总公司统一开出，变成负责总公司责任区销售人员的业绩数字。又如，经客户介绍的新客户，尽管不属于自己的责任区，但因客户介绍，也必须去进行访问。这些情况虽然是按照制度办事，但销售人员会因这些例外事件导致销售意愿低落。为了预防这种情况的发生，需要改善企业的内部管理，比如在企业内部设置分配标准，让销售数字回归接单的销售人员等。

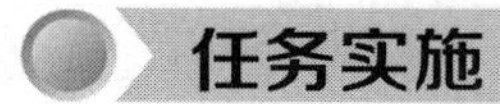

任务实施

一、按销售区域分配销售额指标

1. 取得各销售区域 2015 年度的实际销售额资料。

2. 根据各销售区域近三年的销售实绩，结合公司的区域政策和区域经济增长情况，预计各销售区域计划年度的销售成长率。

3. 计算各销售区域计划年度销售配额，见表 2—2—4。

表 2—2—4　　按销售区域分配销售配额指标　　单位：万元

项目＼城市	南京	扬州	镇江	常州	无锡	苏州	南通	徐州	连云港	合计
2015 年销售额	1 380	910	880	1 050	1 350	1 420	890	870	850	9 600
预计成长率（%）	112	112.4	113.1	112.8	112.9	112.5	113.2	113.1	110.4	112.9
2016 年销售配额	1 545.6	1 022.8	995.3	1 184.4	1 524.2	1 597.5	1 007.5	984	938.7	10 800

二、按月别分配销售额指标

1. 收集过去三年间月别销售实绩，得到过去三年间的月别销售比重，见表 2—2—5。

表 2—2—5　月别销售比重分析表

月别	3 年前实绩（万元）	2 年前实绩（万元）	1 年前实绩（万元）	前 3 年合计（万元）	月别比重（%）
1	760	830	930	2 520	9.7
2	790	860	970	2 620	10.1
3	640	700	790	2 130	8.2
4	650	700	800	2 150	8.3
5	700	760	860	2 320	9.0
6	600	650	740	1 990	7.7
7	550	610	680	1 840	7.1
8	540	600	670	1 810	7.0
9	610	660	750	2 020	7.8
10	760	830	930	2 520	9.7
11	600	650	740	1 990	7.7
12	600	650	740	1 990	7.7
合计	7 800	8 500	9 600	25 900	100

2. 根据月别销售比重，按月别分配销售配额指标，见表 2—2—6。

表 2—2—6　按月别分配销售配额指标

月别	2015 年实际销售额（万元）	月别比重（%）	2016 年计划销售额（万元）
1	930	9.7	1 050
2	970	10.1	1 090
3	790	8.2	880
4	800	8.3	900
5	860	9.0	970
6	740	7.7	830
7	680	7.1	770
8	670	7.0	760
9	750	7.8	840
10	930	9.7	1 050
11	740	7.7	830
12	740	7.7	830
合计	9 600	100	10 800

备注：为了销售管理的方便，在计算过程中进行了取整。

三、按产品类别分配销售配额指标

1. 收集过去三年间产品类别销售实绩，得到过去三年间的产品类别销售比重，见表 2—2—7。

2. 根据产品销售政策调整销售比重，见表 2—2—7。

3. 用修正过的产品销售比重来设立产品类别销售配额指标，见表 2—2—8。2016 年 WW 公司产品大类销售比重和销售指标如图 2—2—2、图 2—2—3 所示。

表 2—2—7　　产品类别销售比重的计算与调整　　单位：万元

产品分类＼销售额	2013 年	2014 年	2015 年	前 3 年合计	销售比重（%）	2016 年销售比重调整（%）
膨化食品	2 150	2 100	2 300	6 550	25. 3	23
饮料	1 350	1 800	2 050	5 200	20. 1	21
饼干	2 800	3 150	3 500	9 450	36. 5	38
糖果	1 500	1 450	1 750	4 700	18. 1	18
合计	7 800	8 500	9 600	25 900	100	100

表 2—2—8　　按产品类别分配销售配额指标

产品类别＼销售额	2016 年销售比重（%）	2016 年销售配额指标（万元）
膨化食品	23	2 484
饮料	21	2 268
饼干	38	4 104
糖果	18	1 944
合计	100	10 800

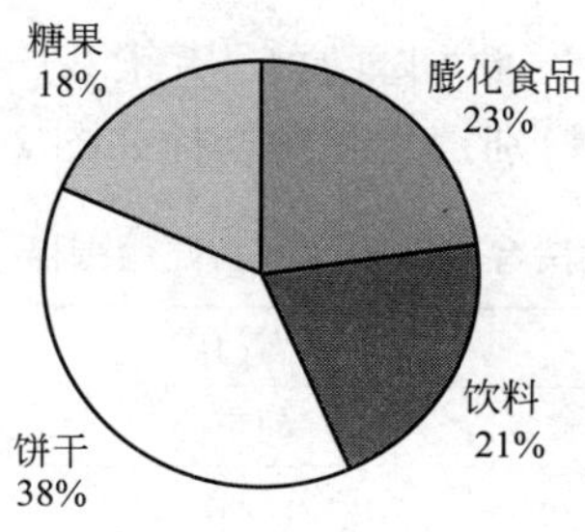

图 2—2—2　WW 公司 2016 年产品大类销售比重（%）

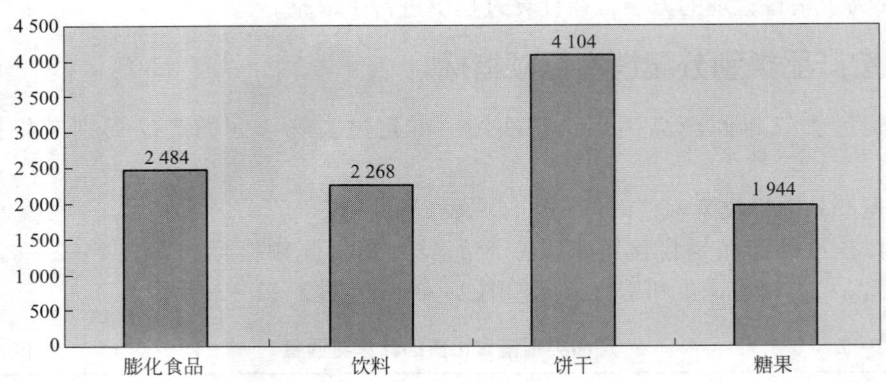

图 2—2—3　WW 公司 2016 年产品大类销售指标（万元）

可以看出，WW 公司 2016 年适当减少膨化食品的销售比重，增加饮料和饼干的销售比重，糖果销售比重基本保持不变。

四、按销售人员分配销售配额指标

与销售区域法分配销售配额类似，按销售人员分配销售配额的方法是结合销售人员所在区域的销售配额，考虑销售人员的能力、所辖区域的销售潜力及销售人员之间任务的平衡，来给每一个销售人员下达销售任务指标。以南京区域为例，按销售人员分配销售配额指标见表 2—2—9。

表 2—2—9　　**按销售人员分配销售配额指标**

销售人员 销售指标	王磊	李明	张强	张华	万娟	成虎	周伟	朱军	陈强	范伟	合计
2015 年销售实绩（万元）	140	135	145	132	130	139	141	138	136	144	1 380
预计成长率（%）	112	113	111	113	114	111	111	112	112	111.5	112
2016 年销售配额指标（万元）	156.8	152.5	160.9	149.2	148.2	154.2	156.5	154.5	152.3	160.5	1 545.6

五、按客户别分配销售配额指标

WW 公司的产品主要通过批发商和直营门店销售，按客户别分配销售配额指标见表 2—2—10。WW 公司 2016 年客户别销售配额指标如图 2—2—4 所示。

表 2—2—10　　**按客户别分配销售配额指标**　　单位：万元

客户类型 项目	批发商	直营门店			其他	合计
		卖场	超市	大型百货商店		
2015 年销售额	6 800	250	1 920	230	400	9 600
2016 年销售配额指标	7 600	280	2 150	260	510	10 800

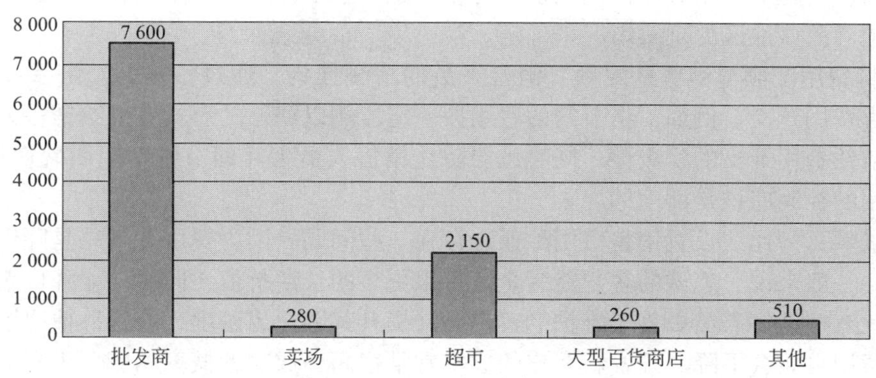

图 2—2—4 WW 公司 2016 年客户别销售配额指标（万元）

分配销售配额指标时，要把整体指标落实到具体岗位，并提出时间要求，细化到可以考核的具体指标，通过各项指标的完成确保整体目标的实现。

知识链接

其他类型的配额

前面主要讲解了销售配额中的销售量配额，实际上，在销售活动中还要注意其他配额的应用，以保证企业获得最大的收益。

一、财务配额

在销售活动中，企业通常较为重视产品销售量而忽视了利润，造成销售量与利润不能同比增长，为了避免这种情况，就要使用财务配额。财务配额有助于改变销售人员不顾利润而尽可能多推销的自然倾向，同时提示销售人员管理层更重视利润而不是更多的销售量。如果销售人员在盈利少、容易卖的产品上花费太多的时间和精力，就会大大降低企业的盈利能力。例如，销售人员往往乐于把精力花在易销售的产品和老客户身上，但是，这些产品和客户往往利润率很低，而产生的费用与销售难销的产品或开发新客户却是一样的。因此，财务配额可以激励销售人员开发更有效益的客户，销售更有效益的产品。财务配额包括以下三项。

1. 费用配额

提高利润率的关键因素在于对销售费用的控制。费用配额是指销售人员销售一定产品所需的交通、饮食和住宿方面的最高费用限额。费用配额总是与销售量配额一起使用，其目的是用来控制销售人员的费用水平。费用配额通常被表示为销售量的百分数。

在设置费用配额时需注意以下两点：

（1）费用限制不能阻碍销售业绩的增长。费用配额必须保证销售人员有相对充足的经费来开发新客户，维持销售业务的正常进行。一定的销售业务量要求有相应的费用来保证，如果过分强调节省费用开支，必然会影响销售人员正常的业务活动。因此，对费用的控制应该是适度的，而且要根据具体情况区别对待。由于一些地区运作费用较高，销售人员的费用配额就必须参照该地区的现实情况来确定。

（2）将费用配额与销售量配额、销售人员的薪酬挂钩，通过一定的经济手段来鼓励销售人员节省费用开支。例如，将节约的费用按一定比例以津贴的形式发放给销售人员，可以调动他们节约费用开支的积极性，同时也要防止销售人员为片面节省费用而耽误销售工作，因此，费用的控制应该是适度的。

用销量额百分比法设置销售费用配额也存在一些问题，因为费用并不总是随销售量的改变而改变。一般来说，忠诚的客户能为企业带来更多的长期价值，同时还能降低企业的营销费用，因此有些销售人员更善于维护老客户，并提升其客户忠诚度，在这种情况下，销售人员的营销费用自然会下降。开发新客户的成本常常很高，成功的概率相应低很多，因此，用销量额百分比法来设置销售费用配额在一定程度上会妨碍新客户的开发，迫使销售人员将过多的注意力放在老客户身上。

2. 毛利配额

毛利是产品销售额与销售成本之间的差额。当企业的产品品种多、实现的利润各不相同时，就可以采用毛利配额。有时，企业用毛利配额来替代销售量配额，强调利润、毛利额的重要性。设置毛利配额，可以使销售人员集中精力提高毛利。然而毛利是很难控制的，通常销售人员不负责产品定价，无法控制生产成本，在这种情况下，销售人员无法完全对销售毛利负责。有些企业对销售人员公开生产费用信息，并用一定的手段让销售人员随时了解费用状况，从而使销售人员能够灵活掌握与客户议价时的价格策略。

3. 利润配额

利润是企业生存的前提，因此，利润配额也是一项重要的财务配额。利润等于毛利减去费用，即销售收入减去销售成本和销售人员的直接费用的余额。其计算过程见表 2—2—11。

表 2—2—11　　销售人员利润对照表

项目 \ 销售人员	销售员甲	销售员乙	……
销售收入（元）	1 955 000	1 884 000	
销售成本（元）	1 270 700	1 225 000	
销售毛利（元）	684 300	659 000	
费用（元）	31 900	30 200	
工资（元）	50 000	47 000	
其他费用（元）	18 000	17 900	
净利润（元）	584 400	563 900	
净利润率	29. 89%	29. 93%	

采用这种方法能够强化销售人员的成本概念。这里的成本概念有两层含义，一是产品的

生产成本，以免销售人员为了达到一定的销售量而不计成本地给予客户折扣；二是营销成本，有利于培养销售人员筛选潜力客户的意识。

利润配额也有一些缺点。由于销售人员无法控制影响利润的因素，因此无法完全对自己的业绩负责。以利润为指标评价销售人员的工作是不公平的，因为合理地计算销售人员产生的净利润非常困难。销售人员的净利润取决于所出售的产品、每种产品的毛利、出售这些产品所花费的费用，这些因素使得利润配额的管理很困难，需要大量资料，而且要取得这些资料需要大量的时间，在这种情况下，就很难对业绩进行控制。

二、销售活动配额

有些销售工作不是完全能以销售业绩来衡量的，利用销售活动配额可以避免对销售额的过分依赖。为了设置合适的销售活动配额，销售经理必须首先决定销售人员最重要的活动，这些活动主要包括：

（1）日常性拜访。

（2）吸引新客户，获得新客户的订单。

（3）产品展示。

（4）宣传企业及产品的活动。

（5）为客户提供服务、帮助和建议。

（6）培养新的销售人员。

设立和控制适当的活动指标可以大大促进销售工作，这种指标对宣传性销售人员尤其有用。建立销售活动配额可以让销售人员对他们的日常活动和活动路线做出更好的计划，从而更加有效地利用时间。销售活动配额也便于销售经理控制销售人员的时间安排，即在不同销售活动中的工作分配。

使用销售活动配额时也会遇到一些问题，如员工参与人数多，信息必须从销售人员报告中获得，而销售人员在使用这些报告时可能偏重数量、忽视质量。另外，由于无法直接实现销售收入，因此很难对销售人员产生激励作用。通常情况下，销售活动配额与销售量配额一起使用并配以一定的津贴奖励，可以提高销售人员的积极性，促使其有效地完成任务。

三、综合配额

综合配额是对销售量配额、财务配额、销售活动配额进行综合而得出的配额。综合配额以多项指标为基础，因此更加合理。设置综合配额远比设置销售目标复杂，因为要用到权重这个概念。权重表示各配额的重要性。销售人员综合配额见表 2—2—12。

表 2—2—12 销售人员综合配额

项目	权重	配额	实际完成额	完成率（%）	完成率×权重	业绩总评
销售额（元）	0. 30	2 000 000	1 955 000	97. 75	29. 33	97. 65
净利润（元）	0. 25	585 000	584 400	99. 90	24. 98	
新客户（个）	0. 25	30	32	106. 67	26. 67	
产品展示（次）	0. 20	24	20	83. 33	16. 67	

思考与练习

1. 销售配额的类型有哪些？
2. 确定销售配额的方法有哪几种？
3. 确定销售配额应注意的问题是什么？

任务3 编制销售预算

知识目标

➢ 掌握销售预算的内容

➢ 了解销售预算的编制程序、编制方法

能力目标

➢ 能够描述销售预算的内容和编制程序

➢ 能够运用适当的方法编制销售预算

➢ 能够利用销售费用控制方法对销售费用进行有效管理

任务引入

公司在制定了销售目标、确定了销售配额后，就要用销售预算来控制销售费用，以保证这些目标的实现。本任务要求王经理编制完成该销售计划需要的销售费用预算，为销售费用管理提供依据，同时能用适当的销售费用控制方法对销售费用进行有效控制，以保证销售计划目标的实现。

任务分析

本任务在明晰销售费用的构成和类型的基础上，重点在于运用编制销售预算的方法、依照编制销售预算的程序来编制销售预算，以及利用销售费用控制的方法、依照销售费用控制的程序，对销售过程中的相关费用实施控制，以便最大限度地为企业节约成本。

相关知识

编制销售费用预算和监控实际的消费支出是销售经理进行销售费用管理的主要职责之一。销售费用预算是企业对开展产品销售活动费用的匡算，是企业进行产品销售活动投入资金的使用计划。销售预算编制额度过大，会造成资金的浪费；编制额度过小，无法保证销售活动的进展，不能实现预算的产品销售目标。销售费用控制是实现企业销售利润的保证。

一、销售费用的构成

不同的企业，其销售费用的构成可能略有差别，但总的来讲，销售费用一般由以下几项构成（见表 2—3—1）。

表 2—3—1 销售费用的构成

类别	项 目
销售人员费用	销售人员的工资、提成、津贴、差旅费、交通费、交际费等
销售管理费用	销售经理的工资、提成、津贴、差旅费等
其他人员费用	培训师的工资、被培训者的工资
其他销售费用	销售会议费用、促销费用、销售展示费用、目录和价格清单费用、招聘费用、销售人员离职费用
通信交通费用	邮寄费、电话费、交通费

二、确定销售预算的方法

1. 销售百分比法

销售百分比法是企业以一定时期内产品销售额的一定比例匡算出销售预算总额的一种方法。计算公式如下：

$$销售费用=目标销售额\times销售费用率$$

销售百分比法的具体做法有两种：一种方法是用上一年的费用与销售百分比，结合预算年度的预测销售量来确定销售预算；另一种方法是对最近几年的费用销售百分比进行加权平均，将结果作为当年的销售预算。

例如，某企业 2015 年实现销售额 7 200 万元，销售费用 1 080 万元，预计 2016 年的销售额将达到 8 000 万元，那么，2016 年的销售费用预算为 8 000×1 080÷7 200＝1 200 万元。

销售百分比法的优点很明显，即简便易行。以历史数据作参考，也有较强的说服力，从静态角度看是比较合理的。但缺点也十分明显，这种做法往往忽视了企业的长远发展目标，过于注重历史数据，不利于企业大胆地开拓市场。销售百分比法适用于发展比较稳定、销售预测比较可靠的企业。

2. 标杆法

标杆法是以行业内主要竞争对手的销售费用为基础来确定本企业销售预算的方法。运用这种方法的关键是要调查和了解主要竞争对手的市场地位和销售费用，计算出竞争对手每一个市场占有率的销售费用投入，以此来确定本企业的销售预算。如果企业想保持与竞争对手相同的市场地位，可以根据竞争对手的销售费用率来确定自己的销售规模；如果企业想扩大市场地位，可以用比竞争对手高的销售费用来匡算自己的销售费用总额。标杆法的计算公式如下：

$$销售费用=\frac{主要竞争对手的销售费用}{主要竞争对手的市场占有率}\times本企业预期的市场占有率$$

标杆法最大的优点是编制的销售预算具有针对性，适合市场竞争的需要，有利于企业在竞争中赢得主动权。缺点是竞争对手销售费用的具体资料不容易直接取得。

例如，A公司预计2016年市场占有率为10%，其主要竞争对手2015年市场占有率为12%，2015年销售费用为1 000万元，那么，A公司2016年销售费用预算为1 000÷12%×10%＝833万元。

使用标杆法的前提条件是：第一，企业必须对行业和竞争对手有充分的了解，能够获悉竞争对手销售费用的可靠信息；第二，竞争对手的销售费用预算在行业中有较强的代表性，其做法是科学合理的。

3. 边际收益法

这里的边际收益是指每增加一名销售人员所获得的效益。由于销售潜力是有限的，随着销售人员的增加，收益的增加量会越来越少，而每个销售人员的费用是大致不变的，因此，存在一个点，在这个点上，增加一名销售人员，其收益和费用接近，再增加销售人员，费用反而比收益要大，这个点就是企业的销售费用预算。边际收益法要求销售人员的边际收益大于零，能够最大化地保证企业利益，但也存在很大的缺点，即在销售水平、竞争状况和市场其他因素变化的情况下，要确定销售人员的边际收益比较困难。

4. 零基预算法

零基预算法的原理是假定在一个预算期内每一项活动都从零开始，销售经理提出销售活动所必需的费用，并且对这次活动进行投入产出分析，优先选择那些对组织目标贡献大的活动。这样反复分析，直到把所有的活动按贡献大小排序，然后将费用按照这个序列进行分配，落实费用预算。零基预算法有利于合理分配资金和提高预算管理水平。缺点是按贡献大小进行资金分配时，有时贡献小的项目可能得不到费用。另外，使用这种方法需经过反复论证才能确定所需的预算，因此工作量较大。

5. 目标任务法

目标任务法是销售经理根据销售目标，确定实现目标所需完成的任务（分解成若干子任务），并估算出完成这些任务所需花费的成本，然后根据总公司利润目标来审查这些成本是否合理。如果成本过高，销售经理就应该换一种实现目标的方式，或者调整期初的目标。重复这一过程，直到管理层对目标以及实现目标的方式感到满意为止。

目标任务法是一种非常有用的方法，可以有效地分配达成目标的任务。很多企业都采取目标任务法或目标任务法的演变形式确定销售预算。这种方法要求数据充分，因此管理工作量较大，但直观易懂。

6. 投入产出法

投入产出法是对零基预算法的改进。零基预算法是在一定时期内进行投入产出比较，但存在有些费用投入后，其效应在当期展现不出来的情况，因此无法真实反映投入产出比率。投入产出法不强调时间性，而是强调投入与产出的实际关系，因此在一定程度上弥补了零基预算法的缺点。

以上六种方法各有利弊，企业在编制销售预算时可以采用多种方法配合使用。

应该注意的是，销售预算是为了实现企业战略目标而设置的，而企业的战略目标是会根据内外部环境的变化而不断调整的。因此，销售预算也不是一成不变的，企业应该随着市场状况的变化对销售预算进行适当的微调。这样，销售预算就不会只是一项约束的条件，还会是企业迎接挑战的武器。

三、销售预算的编制程序

不同企业编制销售预算的程序和方式可能差别很大，有的采取自上而下的方式，即由主管按照企业的战略目标，了解可利用的费用，根据目标和活动，选择一种或多种方法进行预算，再分配给各部门；有的采取自下而上的方式，即销售人员根据上一年度的预算，结合上一年度的销售配额，用习惯的方法计算出预算，提交销售经理，经综合平衡后下达预算任务。

完全自下而上的预算方式，往往会出现销售收入和市场份额定得过低，而相应的费用却定得过高的现象；而完全自上而下的预算方式，会引起销售经理及销售人员的抵触情绪，因为他们没有参与预算编制的过程，认为是强加给自己的目标。比较理想的做法是将两者进行有效结合。

编制销售预算的一般程序如图 2—3—1 所示。

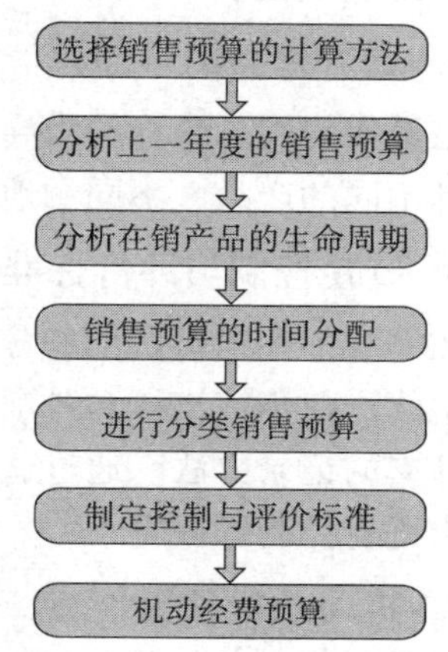

图 2—3—1　编制销售预算的一般程序

1. 选择销售预算的计算方法

销售经理在选择编制销售预算的方法时，应根据企业销售预算的历史数据、产品特点、营销组合方式和市场开发程度等多方面因素来确定。由于不同方法各有利弊，在实践中往往需要把它们结合起来运用。

2. 分析上一年度的销售预算

销售经理在编制本年度销售预算工作之前，首先要对上一年度销售预算执行情况进行分析。分析的主要内容包括：一是销售收入完成情况，分析资金来源渠道的构成比例和增减变动趋势；二是销售支出预算完成情况，分析实际支出的结构。一方面，要相对比较准确地预测预算年度内销售计划和任务可能给企业带来的资金流入量；另一方面，要了解和掌握预算年度内在完成销售任务和计划的过程中预计所需要的资金量。通过实际与预算对比分析，了解收支规律，为新的一年销售预算编制打下可靠基础。

3. 分析在销产品的生命周期

销售经理要运用产品的生命周期原理对企业现有的在销产品进行分析。处于生命周期不同阶段的产品，其市场需求量、市场竞争状况、市场营销策略等都有不同的特点，因此，各阶段的销售预算也应针对不同阶段的特点而有所不同。

对于处于投入期的产品，以开拓市场和提高新产品知名度为目标。新产品需要花费大量广告预算，以便建立知名度和促使客户试用。

对于处于成长期的产品，以提高产品市场竞争能力、进一步扩大市场占有率为目标。由于投入期的宣传，产品已建立了一定的知名度，而有一定知名度的产品所需的预算在销售额中所占的比例相对降低。

对于处于成熟期的产品，以保品牌、提高产品的竞争地位、增加消费者对产品的消费偏爱、注重提高企业整体知名度和美誉度为目标。而通过增加市场销售或从竞争者手中夺取占有率来提高市场占有率，则需要花费大量的广告促销费用。

对于处于衰退期的产品，主要是通过低廉的价格、促销活动、良好的售后服务、品牌效应、企业信誉等手段吸引产品后期购买者，这一时期的产品花费的销售费用大幅减少。

通过对产品销售周期的分析，可以为费用总预算提供依据，以确定不同周期产品的销售预算分配。

4. 销售预算的时间分配

根据前三项工作得出的结论，确定年度内销售经费总的分配方法，按季度、月份将销售费用的固定开支予以分配。

5. 进行分类销售预算

在销售费用总预算的指导下，根据企业的实际情况，将时间分配上大致确定的销售费用分配到不同的产品、不同的地区和不同的媒体上。这是销售预算的具体展开环节。

6. 制定控制与评价标准

在完成上述销售费用的分配后，就应该确定销售费用的控制和评价标准，即确定各预算执行主体责任预算指标和各项销售费用开支所要达到的效果，以及对每个时期、每一项销售费用开支的记录方法。通过这些标准的制定，再结合销售效果评议工作，就可以对销售费用的支出进行控制和评价了。

7. 机动经费预算

销售预算中除去绝大部分的固定开支外，还需要对一定比例的机动开支做出预算，主要用来应对一些突发事件，如理赔费用等。机动经费预算一般以销售预算基本费用的5%~10%提取。

四、销售费用的控制

1. 销售费用控制的过程

销售费用的控制主要是在某一时期进行销售活动时对各项费用比率的控制。科学的费用控制过程包括事前计划、事中控制和事后分析三项活动。

（1）事前计划

1）建立和健全有效的销售费用控制制度，使销售体系中各部门的工作能够得以有效开展。

2）以科学、合理的费用预算为销售预算的起点，在充分了解各销售区域各项销售费用水平的基础上，控制预算总额。

3）将销售成本预算控制的控制点前移，加强销售成本预算管理，建立预算外资金的审批制度和资金使用的跟踪制度等。

（2）事中控制

事中控制实际上是对既定制度的贯彻和落实，是对销售费用使用过程的管理，其具体内容包括：

1）规范费用项目，监督费用支出内容的真实性和合法性，审查其开支标准是否符合规定。

2）强化销售过程的管理，使销售费用的使用得到有效控制。销售过程管理是企业管理和控制市场必经的途径，包含市场开发策划及实施的管理、产品促销费用的控制和销售人员的工作量化及考核等。

3）控制销售费用资金流动和支出在预算额度内。

（3）事后分析

销售费用的控制除了进行事前计划和事中控制，还要对费用使用结果做一个评价，分析投入产出比，使费用使用人了解自己费用使用的效率，让预算管理者明确下一步费用的重点投入方向。

2. 销售人员费用的控制方法

销售人员的差旅费和业务费是销售费用的重要组成部分，销售人员费用的多少直接关系销售人员对企业利润贡献的大小，所以，销售经理必须制订销售人员的销售费用控制计划。一般而言，常用的费用控制方法包括以下几种：

（1）销售人员自己支付费用

该种方法适用于纯佣金制的销售人员。销售经理在制订佣金比率时，就把销售费用的支出考虑在内，一并归到比率中发给销售人员，销售人员必须在其佣金项下开支销售费用，不得再向企业另外申请。

好处：处理简单，操作方便；公平一致，不会产生宽严不一、审核不公等情形；有业务才会有费用支出，对公司的利润较能保障，不致发生费用超支的情形；降低了费用监督的难度。

不足：难以控制销售人员行动；有些费用是在业务获得之前使用，需销售人员提前垫付，存在支出后无法获得的风险。

（2）无限额支付费用

该种方法是报销销售人员所有与企业销售业务有关的合理的业务费用和差旅费用，没有总费用或单项费用的限额，但前提是销售人员必须呈交开支的详细清单。

好处：费用计划保持一定的弹性，不会因销售区域、销售产品的不同而产生费用之间的差异；能使销售经理对销售人员的活动实施相当程度的控制。

不足：无限额支付费用的方法可能使管理部门无法正确预测直接成本，导致一些销售人员挥霍无度或通过不正当的事项虚报费用。

（3）限额支付费用

实施限额支付费用一般包括两种方法，一种方法是企业制订一个针对各个具体费用项目（如住宿费、餐饮费、招待费等）报销的最高限额，另一种方法是企业限制一定时间内的费用总金额，如规定销售人员外出每天的各项支出不得超过300元，考虑不同地区的消费差异，销售经理再确定不同的限额。限额支付费用的方法，特别适用于那些销售人员的活动有规律并且出差路线重复的情况。

好处：管理部门可以准确地预测费用，从而减少管理部门和销售人员在费用开支上的争议。

不足：销售经理要为每个费用或时间段确定限额，就要研究过去的费用报告、计划每天的行程、查阅酒店的名录、调查不同地区的消费差异等，工作量较大。另外，该种方法也会遇到其他一些问题，当销售人员需要支付一些非常规的花费时，如为保住客户而无法避免的招待费用等，可能存在无法报销的情况。

在实际操作中，可以将限额支付和无限额支付方法相结合使用。例如，销售经理可以在食宿项目上实行限额控制，但对交通费用不加限制。管理部门还可以确定一个总费用限额，将最高限额与业绩报告的某些项目相联系，这样，销售经理就能够将销售人员费用和净销售额联系起来，从而对直接费用有所控制，还可以使销售人员在总费用预算之下有一定的灵活性。

任务实施

一、确定销售预算总额

1. 王经理根据 WW 公司往年编制销售预算的惯例，仍然采取自上而下的编制程序，先编制出预算草案，经过广泛征求意见后再下达实施。

2. 王经理决定采用简单易行的销售百分比法确定年度销售预算总额，即用上一年度的费用与销售百分比，结合预算年度的预测销售量来确定销售预算。经查证，WW 公司 2015 年度的销售费用总额为 1 228. 8 万元，占销售收入的 12. 8%。2016 年 WW 公司将增加广告投入 100 万元，因制定更有吸引力的员工激励方案及新产品开发等措施，预计将增加 2%左右的销售费用，因此，2016 年度销售费用占销售收入的比例确定为 14. 8%，即 2016 年度销售预算总额为 10 800×14. 8% =1 598. 4 万元。

当然，确定销售预算总额的过程是比较复杂的，这里不能完全展开。每个企业的情况各异，只有结合企业的具体情况，选用适合自己企业的预算方法，才能确定科学合理的销售预算总额。

二、确定分类销售预算

在确定了 2016 年度销售预算总额以后，还需要进行销售费用的分类预算。王经理根据 2015 年度销售费用的实际开支情况，审查这些费用是否合理，结合 2016 年度公司的销售政策，调整预算方案，最终确定 2016 年度销售预算（见表 2—3—2）。

表 2—3—2　　2016 年度销售预算表

科　目			年度合计	
			金额（万元）	比重（%）
销售费用合计	销售人员的费用	工资	450	
		奖金	320	
		福利费	60	
		差旅费	80	
		其他费用	87. 4	
	小计		997. 4	62. 4

续表

科目			年度合计	
			金额（万元）	比重（%）
销售费用合计	销售管理费用	销售经理的工资、提成、津贴	28	
		销售经理的差旅费	14	
		通信及交通费用	18	
		培训费用	24.5	
	小计		84.5	5.3
	其他销售费用	销售会议费用	20	
		广告宣传费用	380	
		促销费用	36	
		销售展示费用	22	
		招聘费用	3.2	
		消耗品费用	5.5	
	小计		466.7	29.2
	机动费用		50	3.1
合计			1 598.6	100

通过上面三个任务，基本上就完成了 WW 公司 2016 年度的销售计划，具体的销售计划方案篇幅很长，就不一一列出了。

思考与练习

1. 简述销售预算的内容。
2. 确定销售预算的方法有哪些？
3. 销售预算的编制程序是什么？
4. 试论述如何实施销售费用控制。

模块三　销售组织管理

任务1　设计销售组织类型

知识目标

- ➢ 了解销售组织设计与类型选择
- ➢ 掌握设计销售组织的步骤

能力目标

- ➢ 能够根据企业实际情况设计销售组织，并选择合适的组织类型

任务引入

WW公司已经确定了2016年的销售计划，销售计划的顺利执行需要销售部门所有人员的共同努力，而是否能够顺利、方便地协调和控制各销售部门之间的职能，以便完成每年的销售任务，则要看这个企业的销售组织结构设计是否合理。本任务要求根据WW公司的特点，选择WW公司销售组织的类型，并设计和完善该公司的销售组织。

任务分析

在设计和确定一个企业销售组织结构的时候，首先，要考虑合理设计销售组织应遵循的原则及影响组织设计的因素；其次，在对各种类型销售组织全面分析的基础上，根据企业、产品及市场实际情况确定恰当的销售组织类型；最后，按照一定的设计程序展开销售组织的设计，明确各个级别销售部门的具体职责。这样，就完成了销售组织结构的设计任务。

相关知识

一、销售组织的定义

销售组织是企业内部从事销售工作的人、事、物、信息、资金的有机结合，通过统一协调行动完成企业既定的销售目标。

二、销售组织设计的原则

根据销售管理的需要，企业在进行销售组织设计时应遵循以下原则。

1. 客户导向

客户导向原则是销售组织设计的首要原则。在设计销售组织时，管理者必须首先关注市场，以满足市场需求、服务客户为基础，建立起面向市场的销售组织。

2. 精简与高效

销售组织如果过于庞大臃肿，必然会造成协调困难、反应滞后的后果，不仅影响工作效率，而且会提高管理成本，所以必须精简组织。这里讲的“精简”包含三层含义：一是组织应具备较高素质的人才和合理的人才结构，使人力资源得到合理而又充分的利用；二是要因职设人而不是因人设职；三是组织结构应有利于形成群体的合力，减少内耗。

3. 管理幅度合理

管理幅度是指经营管理者所直接而有效地管理其下层的人数。管理幅度的合理性，取决于下属人员工作的性质，以及管理人员和下属人员的工作能力。正常情况下，管理幅度应尽量小些，一般为6~8人。但随着企业组织的变革，出现了组织结构扁平化的趋势，即要求管理层次少而使得管理幅度增大。企业应根据自身的具体情况设置合理的管理幅度。

4. 稳定而有弹性

销售组织应当保持员工队伍的相对稳定性，这对增强销售组织的凝聚力、提高员工的士气是十分必要的。同时，销售组织又要有一定的弹性，即因经济的波动或业务的季节性而保持员工队伍的流动性。

5. 权责对等

权责对等原则是指在管理等级链上的每一个环节、每一个岗位都应规定相应的权利和职责。销售组织中在一定职位上的人拥有多大的权利，就必须承担相应的责任。

三、影响销售组织设计的因素

1. 市场的类型及客户性质和规模

根据购买者及其购买目的的不同，营销市场分为消费者市场和组织市场两大类。不同类型的市场有不同的客户特征，对销售组织设计也就有不同的要求。销售管理人员必须深刻了解这些市场的具体特征，尤其需要了解客户性质和规模，只有这样，才能明确销售组织应发挥的作用，合理地设计销售组织。

2. 销售的方式和策略

企业销售产品的方式和策略直接影响企业的组织形式。从销售渠道环节和销售组织的形式来看，销售方式有直接销售和间接销售等。采用直接销售的企业，可以通过自己设立的专卖店或特许经营连锁专卖店进行销售，也可以自己找零售商，设立店中店或专柜进行销售，其销售队伍比较庞大，销售人员数量多，组织结构比较复杂。当然，如果企业采用广告销售、网上直销等直接销售方式，其组织结构多是扁平化的，中间环节较传统直接销售方式会有所减少。采用间接销售，如通过代销、经销等进行销售的企业，销售人员数量较少，组织结构较简单。

3. 产品技术复杂程度及销售范围

产品的自身因素及销售范围对销售组织也有很大的影响。有些产品受其自身特征的影响，技术性强、专业服务要求高，只能按产品设计销售组织结构，若产品销售区域大，还要考虑设计地域—产品综合型销售组织结构；反之，若产品技术简单且销售区域小，其销售组织则相对简单。

4. 企业自身因素

企业自身因素主要包括企业销售目标、销售战略、内部分工、管理幅度、销售人员素质等。企业应依据自身情况选择与之相应的组织结构。

5. 市场环境的变化

销售组织的设计必须适应所处环境，因此，销售组织在构建时一定要考虑外部环境的影响。然而市场环境是不断变化的，企业的外部环境变化导致企业销售战略管理模式相应改变，随之而来的是实现销售目标的形式和方法的调整，这必然会带来销售组织结构的变革。

四、销售组织的类型

企业应根据自身的实力及发展战略，选择适合自己的销售组织类型，用最少的管理成本获得最大的运营效益。企业的销售组织类型主要有区域型销售组织、产品型销售组织、客户型销售组织、职能型销售组织和综合型销售组织五种。

1. 区域型销售组织

区域型销售组织是指按地区划分销售区域而组建的销售组织，这是企业中最常见的销售组织模式。在这种结构中，每个销售人员都负责一块独立的区域，并在此区域从事销售工作。相邻销售区域中一定数量的销售人员受到区域经理的管辖，而区域经理则要对销售总经理负责。区域经理通常称为地区或大区销售经理。区域型销售组织的结构如图 3—1—1 所示。

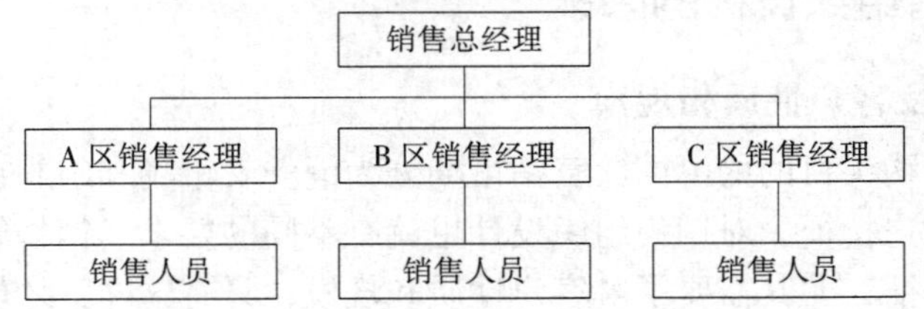

图 3—1—1　区域型销售组织的结构

销售区域的范围会影响销售组织的结构，一般来说，销售区域的范围小，销售组织相对简单；销售区域的范围大，则销售组织较为复杂。例如，地区性、全国性、国际性企业的销售组织结构各不相同。

（1）区域型销售组织的适用企业

1）企业所经营的产品单一或相似。

2）产品性能不太复杂。

3）企业面对的客户数量众多。

4）客户分布的地域广阔且分散。

（2）区域型销售组织的优势

1）销售人员可以成为某一地区的专家。

2）降低了销售人员的出差次数及出差成本。

3）客户有疑问时，知道应该去找谁。

4）易于管理。

5）企业更易于确保一个地区受到完全覆盖。

6）企业更易于进行受限的市场检验。

（3）区域型销售组织的不足

1）如果企业的产品线较宽，销售人员可能无法了解所有的产品。

2）如果客户之间存在较大的差异，一个销售人员不可能为每一个客户提供适当的服务。

3）很难得到某一种给定产品所需的必要“推动力”。

4）销售人员流动性差。

5）销售人员更易成为一个通才，而不是专才。

（4）举例说明

金汤宝公司是一家食品零售业的供应商，它原来的组织模式是按产品来划分的，结果往往出现有的零售店无人访问，有的零售店被多次访问的现象。另外，随着市场竞争的日趋激烈，零售商受当地促销活动影响很大，所以金汤宝公司决定针对不同地区的营销状况，成立以地区划分的组织模式，取消部门经理，增设品牌经理，并赋予基层经理充分的权力，增加了地区竞争力及产品竞争力，取得了很好的效果。

由于我国地域辽阔，各地区差别极大，所以大部分企业都采用区域型销售组织模式，各地区经理负责该地区所有产品的销售。有的企业还会设置大区经理、片区经理（如省级经理）、区域经理（如市级经理）、销售主管等中间管理层级。

2. 产品型销售组织

产品型销售组织是指按照不同产品或产品群组建的销售组织。对那些产品线多且复杂的企业来说，建立产品型销售组织是一种最为有效的覆盖产品的途径。在那些产品极其复杂的企业中，销售人员的工作负担呈几何级数增加，这是因为他们除了必须熟悉自己的产品之外，还要了解其竞争者的产品。并且，产品越复杂，客户所要求的服务水平也就越高。因此，在产品型销售组织中，应控制销售人员所负责的产品数，否则销售人员将会不堪重负。产品型销售组织的结构如图 3—1—2 所示。

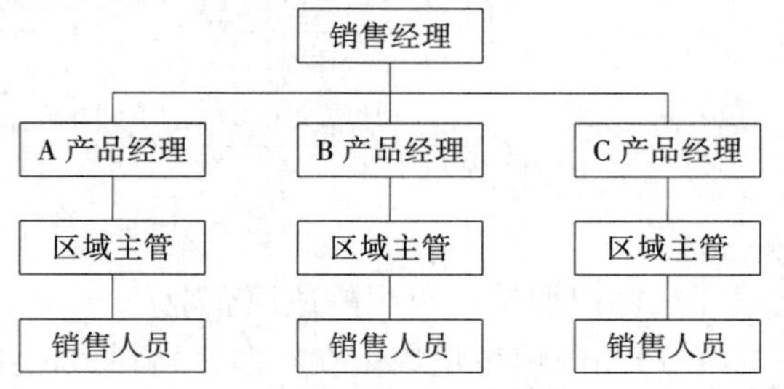

图 3—1—2　产品型销售组织的结构

（1）产品型销售组织适用的企业

1）企业经营的产品种类较多，且产品性能差异很大。

2）产品比较复杂。

3）客户分属不同的行业，且行业差异大。

（2）产品型销售组织的优势

1）能够使销售人员成为某一产品或产

品线的专家。

2）销售人员能够更好地满足客户日益专业化和复杂化的需求。

3）便于对某一产品的销售进行控制和监督。

(3）产品型销售组织的不足

1）在同一区域可能有几个销售人员，容易出现重复劳动的现象，造成成本的上升。

2）客户不能确定有疑问时应当找哪一个销售人员。

3）销售人员的出差时间和出差成本增加。

4）与其他方式相比更难管理。

5）销售人员为保护其利益，可能会有选择地对待不同的产品群。

(4）举例说明

根据不同的特点，产品型销售组织模式可以演化成按产品品牌划分的组织模式。一些生产多种产品且每种产品又采用不同品牌的企业，往往会采用不同品牌来管理产品的销售组织。如美国宝洁公司，于1927年开始首创品牌经理制。当时，由于新推出的佳美牌香皂销售不好，于是公司任命了一位名叫麦克埃尔的年轻人作为品牌经理来专门负责佳美这一品牌的开发与销售工作，结果取得了巨大的成功。

采用按品牌划分的销售组织的企业，一般是由一位品牌经理负责一组类似而又同属于一个品牌的产品的销售工作。品牌经理除了负责该品牌的销售工作之外，往往还需要负责该品牌的产品推广、产品开发等工作。这种销售组织模式对于那些产品品种多且产品品牌对产品销售又非常重要的行业来说是一种很好的模式，如家化行业等。

3. 客户型销售组织

如果企业经营的产品销售集中在一些采购量比较大的主要客户上，或者客户的销售网点虽然比较分散，但是采购权比较集中的时候，可以采用客户型销售组织模式。在对不同的客户销售相同的产品时，由于客户需求不同，销售人员所需要掌握的销售知识也不同。企业按市场或客户类型来组建自己的销售队伍，便于销售人员充分发挥自己的特长为各种类型的客户服务，从而成为针对某类客户的销售专家。客户型销售组织的结构如图3—1—3所示。

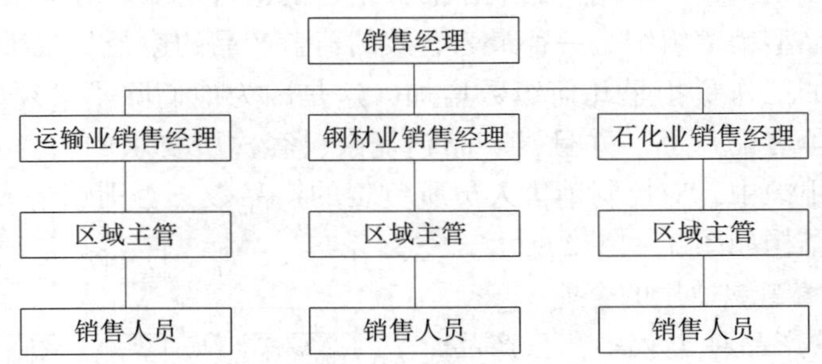

图3—1—3　客户型销售组织的结构

(1）客户型销售组织的适用企业

1）产品的销售量集中在一些采购量大的主要客户上。

2）客户的经销网点分散，但采购集中，如连锁超市等。

（2）客户型销售组织的优势

1）能够让销售人员满足不同客户的不同要求。

2）销售人员更接近客户，知道其所在行业正在发生的变化，便于开发新技术和新产品。

3）公司能更好地在不同的细分客户中配置资源。

（3）客户型销售组织的不足

1）因为在同一地区有多个销售人员，会导致效率相对较低。

2）不同产品的销售人员之间可能滋生本位主义。

3）销售人员必须了解整个产品线。

4）与其他方式相比，管理和协调销售队伍更为困难。

（4）举例说明

按照客户类型组织销售力量是营销观念和市场细分的自然延伸。当销售人员专门服务某一类客户时，就更有可能深入了解这些客户的需求，从而使销售经理可以针对客户的需求对销售人员进行培训。只有在某类客户达到足够规模时，采取客户型销售组织模式才有意义。

诺韦尔公司作为计算机网络软件市场的开拓者，通过系统集成商、零售商，包括一些全国连锁店销售其产品。在重组之前，诺韦尔公司按地区组织其销售人员。每一个销售经理只要盯住其所在地区的原装设备制造商（OEM）、分销商、重要客户及零售商即可，但随着网络计算自 20 世纪 80 年代成为标准以来，按地区组织销售人员的模式已变得不太有效，不同类型的客户有其特殊的需求，而一个销售人员是不能有效地满足所有这些需求的。因此，诺韦尔公司依据其细分市场线重组了销售队伍。在新方案中，它的销售人员分别负责 OEM 厂商、重要客户和分销商，按照不同客户类型，分别进行销售。通过将组织模式转为客户型销售组织，诺韦尔公司的销售人员各司其职，从而能够满足不同客户各种复杂的需求。

4. 职能型销售组织

职能型销售组织就是按照不同职能组建的销售组织。销售部门是由销售业务部、销售计划部、宣传推销部、售后服务部和客户服务部等单位组成的。销售人员不可能擅长所有的销售活动，但有可能是某一类销售活动的专家。基于这种思路，有些企业采用职能型销售组织模式。由于这种模式管理费用高，因此，经济实力弱的企业不宜采用。规模较大、实力比较雄厚的企业，由于销售队伍庞大，很难协调不同的销售职能，较多采用这种模式。职能型销售组织的结构如图 3—1—4 所示。

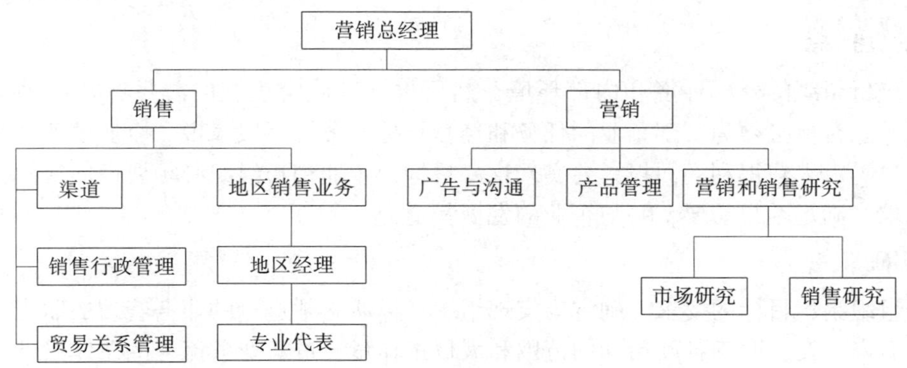

图 3—1—4　职能型销售组织的结构

（1）职能型销售组织的适用企业

1）企业所经营的产品需要提供大量的售后服务，而售前、售中和售后服务工作所需的工作技能又有所不同。

2）销售工作可以按销售内容进行分解。

（2）职能型销售组织的优势

1）销售人员个人的力量在企业中可以得到充分发挥。

2）企业可以集中解决某些关键问题。

3）资源的配置更加明晰。

（3）职能型销售组织的不足

1）特殊功能的产品需要更多的销售人员，导致成本增加。

2）客户可能会对企业职能感到困惑。

3）发现合适的专家型销售人员可能比较困难。

4）企业需要管理一个复杂的系统。

（4）举例说明

世界著名的吉列公司采用的就是职能型销售组织，即在销售部门中设置一个部门专门负责产品，包括协调产品的价格，解决促销、展示及分销的有关问题等，另设置一个部门负责对零售企业进行辅助和管理工作，检查零售企业的商品展示，协助零售企业销售吉列产品。

5. 综合型销售组织

综合型销售组织是指当企业在一个广阔的地域范围内向各种类型的客户销售种类繁多的产品时，将以上几种销售组织结构方式混合使用的组织。销售人员可以按地区—产品、产品—市场、地区—市场等方法加以组织，一个销售人员可能同时对一个或多个产品线经理和部门经理负责。

总之，无论企业采用哪种类型的销售组织，都必须根据企业的特性、对客户的服务、企业的产品和市场的组合而定，必须能够提高效率、降低成本、发挥组织的整体优势。销售组织的模式并不是静态不变的，应随着企业的发展、企业的战略转变、市场状况的改变进行适当调整，以适应市场的需要，为客户提供更好的服务。

五、设计销售组织的流程

1. 确立目标

首先分析组织的外部环境和内部环境，然后再合理确定组织的总目标及各种具体的目标。组织的总目标必须为实现企业的任务和经营目标服务。一般来说，企业的经营目标是通过满足客户需求来获得利润回报，要实现这一目标，企业销售组织必须要面向客户，能够挖掘客户需求、满足客户需要，并与企业的发展相适应。

2. 明确职责

根据组织销售目标的要求，确定为实现组织目标所必须进行的业务管理的职责范围，并按其性质适当分类，明确各类活动的范围和大概工作量，进行业务流程的总体设计，并优化总体业务流程。

3. 确定组织结构

根据组织的规模、地区分布、市场环境、员工素质及各类管理业务工作量的大小，参考同类其他组织设计的经验，确定所需设计的部门。同时，通过岗位分析等，明确岗位需求，即组织内从事管理工作所需的职别和销售人员规模，分析担任每个岗位的人员应负的责任和应具备的素质要求。

4. 配备人员

根据各单位和部门所分管的业务工作的性质和对职务人员素质的要求，挑选和配备称职的人员，并明确其职务和职称。

5. 规定职责

规定各部门及各岗位对工作应负的责任以及评价工作成绩的标准，并根据完成工作的实际需要，授予各部门及其负责人相应的职权。

任务实施

WW 公司已经确定了 2016 年的销售目标是 10 800 万元，要完成此目标必须在各个城市设置区域经理和若干销售人员，每个区域根据自己市场的具体情况，完成各自的任务。

一、选择销售组织的类型

由于 WW 公司产品的差异化较小且客户相对单一，因此宜采用区域型销售组织结构。这种组织结构的好处是责任清晰明确，一个区域只有一个销售人员，每个销售人员的责任非常明确，区域销售成绩好坏取决于个人因素，因此，销售人员会尽最大的努力来提高销售业绩，从而完成企业的销售目标。

二、设计销售组织的结构

如图 3—1—5 所示为 WW 公司销售组织的结构。

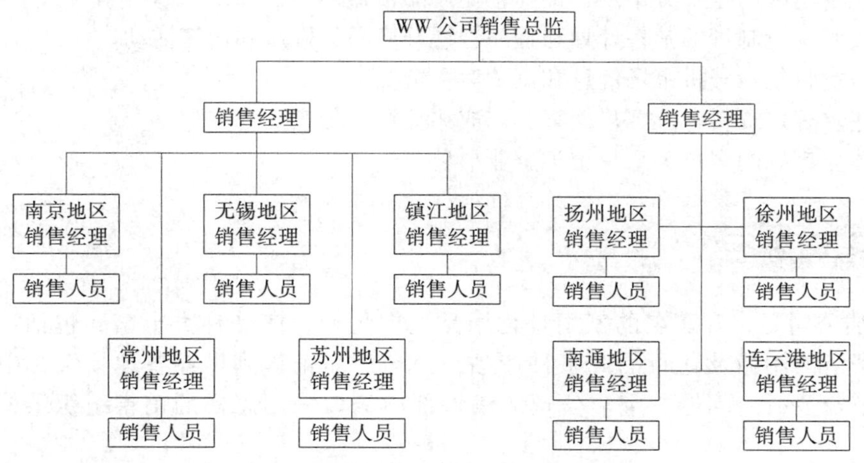

图 3—1—5　WW 公司销售组织的结构

三、描述各部门工作职责

1. 销售总监的工作职责

（1）制订市场营销策略和实施计划，完成企业的销售目标。

（2）对市场策略的实施情况进行监控、检查。

（3）制定公司品牌管理策略，维护公司品牌。

（4）指导公司的销售工作，确保销售目标的完成和销售工作的有序进行。

（5）负责监测、收集、整理和分析各种市场信息，并定期提供市场报告。

（6）管理部门日常事务。

2. 销售经理的工作职责

（1）制订企业年度销售策略和销售计划。

（2）制订并监督执行公关及各种促销活动计划，以促进产品销售及提高公司的知名度。

（3）进行市场调查与市场预测。

（4）管理部门日常事务。

3. 区域销售经理的工作职责

（1）制订本区域销售计划并组织实施。

（2）拓展区域市场。

（3）负责业务监督和货款回收。

（4）进行信息收集与分析。

（5）管理成本费用。

（6）管理客户关系。

（7）管理下属人员。

4. 销售人员的工作职责

（1）在本辖区内建立分销网，提高企业产品覆盖率。

（2）按照企业制订的销售计划和程序，展开产品的推广和销售活动。

（3）负责收集、分析市场信息和竞争对手情况。

（4）建立客户资料卡及客户档案，完成相关销售报表。

（5）建立良好的客户关系，维护企业形象。

思考与练习

1. 宝洁公司是一家著名的家用日化用品生产企业，产品种类丰富，包括洗衣粉、洗发水、厨房清洁用品及化妆品等多种产品。公司产品销售到世界各地，仅在中国就遍布各地的城市与乡村。问题：宝洁公司的销售部门应该采用怎样的销售组织结构？并查阅资料验证。

2. IBM 公司是搭建产品型销售组织结构的典范，它分别有一支负责计算机的销售队伍和一支负责办公设备的销售队伍。两类产品差异很大，需要专业的人员来负责。

IBM 公司的销售组织结构图如图 3—1—6 所示。

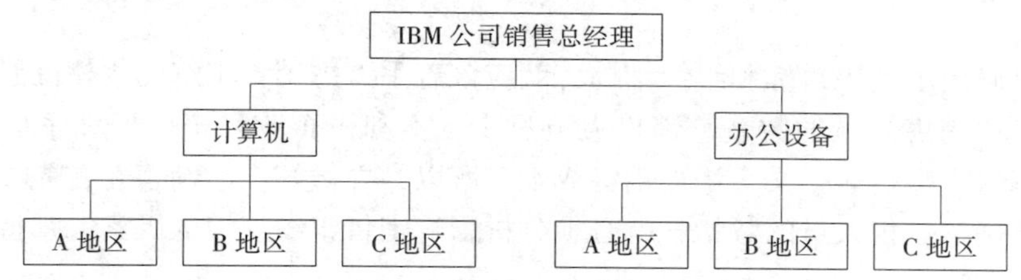

图 3—1—6　IBM 公司的销售组织结构图

请结合所学知识讨论：

（1）这种销售组织结构的优缺点各是什么？

（2）对于 IBM 公司来说，这是不是一种最佳的销售组织结构？为什么？

（3）能否为 IBM 公司设计一个你认为最佳的销售组织结构？

任务 2　设计销售组织规模

知识目标

➢ 了解影响销售组织规模的因素

➢ 掌握确定销售组织规模的方法

能力目标

➢ 能够采用不同方法设计销售组织的规模

任务引入

根据模块三任务 1，可知 WW 公司采用的是区域型销售组织结构，各地区的销售配额指标见表 3—2—1。

表 3—2—1　　**WW 公司各地区销售配额指标**　　单位：万元

项目＼城市	南京	扬州	镇江	常州	无锡	苏州	南通	徐州	连云港	合计
2015 年销售额	1 380	910	880	1 050	1 350	1 420	890	870	850	9 600
预计成长率（%）	112	112.4	113.1	112.8	112.9	112.5	113.2	113.1	110.4	112.9
2016 年销售配额	1 545.6	1 022.8	995.3	1 184.4	1 524.2	1 597.5	1 007.5	984	938.7	10 800

各个区域经理要完成各自的销售额，就要招聘相应的销售人员。如何确定销售人员规模呢？

任务分析

企业一旦确定了销售目标和组织结构，就应该着手考虑销售组织的规模问题。销售组织的规模是指企业销售人员的数量。销售人员过少，不利于企业开拓市场和争取最大的销售额；反之，销售人员过多，又会增加销售成本。所以，要做好产品销售，首先要确定销售人员的数量。要确定销售人员的数量，就必须分析影响销售组织规模的因素，掌握确定销售组织规模的基本方法。

相关知识

一、影响销售组织规模的因素

决定销售组织的规模一般要考虑以下两个因素。

1. 企业的发展规模

当企业发展规模较小时，销售人员数量就不应该过多，以免增加成本、浪费资源。反之，当企业规模大或发展较快时，则需要较多的销售人员，如果人员不够，就不能充分拓展业务，企业也得不到应有的发展。

2. 销售人员的流动率

任何企业都存在一定程度的人员流动，如跳槽、退休等，这会影响组织中的人员数量。过高的人员流动率可能意味着企业在员工管理上存在问题，这时就要分析在招聘、培训、奖金分配、激励等环节上是否存在问题。

对大部分企业来说，做好销售人员的流动分析是一项重要的工作。计算人员流动率的公式如下：

$$\text{销售人员流动率}=\frac{\text{一定时期内新雇用的销售人员数量}}{\text{该时期内销售人员的平均数量}}\times 100\%$$

例如，某企业在一年内新招聘 20 名销售人员，而这一年内销售人员的平均数量为 200 名，那么该企业的人员流动率为 10%。

二、销售组织规模的确定方法

销售人员的数量与销售量和成本具有密切的关系，人员增加同时带来销售量和成本的增加。在这两方面寻求平衡是一项既困难又重要的工作，它决定着销售利润水平。究竟需要多少销售人员最为合适，这是销售经理必须解决的一个问题。一般比较实用的计算销售人员数量的方法有以下几种。

1. 统计分析法

统计分析法是最简单的办法，企业首先预测销售额，然后估计每位销售人员的销售额，再计算销售人员的人均销售额，即可得出所需的销售人员数量。用数学公式表示为：

$$n=s/p$$

式中　n——下一年度所需的销售人员数量；

s——下一年度计划的销售额；

p——销售人员年人均销售额。

例如，某企业预计下一年度可实现 100 万元的销售额，销售人员年人均销售额为 10 万元，根据公式可以得出下一年度需要 10 名销售人员。

统计分析法虽然简单，却存在几个问题：首先，它不符合逻辑顺序，销售人员的数量应先于销售额的水平确定，而统计分析法是在假定已知销售额的前提下倒求出销售人员的数量，实际上是颠倒了因果关系；其次，该方法既没有考虑销售人员的能力差异和各销售区域市场潜力的差异，也没有考虑各销售区域竞争程度的差异；最后，该方法的关键性问题是没有考虑利润目标，销售人员的数量是根据销售额而不是目标利润计算出来的。

2. 工作量法

工作量法是根据销售人员承担的工作量来计算所需销售人员的方法。其前提是假设所有销售人员能承担同样的工作量，这比统计分析法假设人均销售水平更加合理。以某公司为例，采用工作量法计算所需销售人员的步骤具体如下。

（1）编制企业所有客户的分类目录

通常以每个客户的购买额作为分类标准，用 ABC 分类法对客户分类排序。ABC 分类法是企业管理中常用的办法。企业根据自己的实际情况选择判断标准，将大客户归入 A 类，中等客户归入 B 类，小客户归入 C 类。

例如，某公司有 1 030 家客户，按上述 ABC 原则分成三类：

A 类　　大客户和极有潜力的客户　　200 家

B 类　　中等规模及中等潜力客户　　350 家

C 类　　小客户　　480 家

（2）确定每类客户所需的访问次数和每次访问时间

例如，某公司估计对 A 类客户每两周访问一次，每次 60 分钟；对 B 类客户每一个月访问一次，每次 30 分钟；对 C 类客户每两个月访问一次，每次 20 分钟。那么每类客户每年所需要的访问时间为：

A 类　26 次×60 分/次＝1 560 分钟（26 小时）

B 类　12 次×30 分/次＝360 分钟（6 小时）

C 类　6 次×20 分/次＝120 分钟（2 小时）

（3）计算年工作总量

根据第一、第二步的数据，可以很方便地计算出该公司全年销售活动的总工作量：

A 类　200 家×26 小时/家＝5 200 小时

B 类　350 家×6 小时/家＝2 100 小时

C 类　480 家×2 小时/家＝960 小时

总计　8 260 小时

（4）确定销售人员年工作时间

假定该公司销售人员每周工作 40 小时，每年工作 48 周（扣除休假、生病及临时缺勤），这样每个销售人员年工作时间为 40 小时/周×48 周＝1 920 小时。

（5）确定不同工作占销售人员总工作时间的比例

该公司的安排是：

销售活动　40%×1 920＝768（小时）

非销售活动　30%×1 920＝576（小时）

差旅　30%×1 920＝576（小时）

总计　100%×1 920＝1 920（小时）

（6）计算销售人员的需求量

根据以上计算出来的数据，可知该公司所需销售人员总数为 8 260 小时÷768 小时/人＝10.75 人≈11 人，即该公司需要大约 11 名销售人员就可以完成为现有客户服务的工作量。

工作量法的优点是简单易懂，考虑了对客户区别对待的问题，所需数据也比较容易获得。该方法虽然没有照顾到所有细节，但仍不失为一种可行性好且比较精确的计算方法。

3. 销售百分比法

销售百分比法是指企业根据历史资料，计算出销售队伍各种消耗占销售额的百分比以及销售人员的平均成本，然后对未来销售额进行预测，从而确定销售规模的方法。这种方法简单易行，但存在一定的局限性。因为销售百分比是根据历史资料计算出来的，随着现代化销售工具和手段的运用，这个比率可能会有所变化。所以，用历史数据来指导未来实践可能会存在一些偏差。

4. 边际利润法

边际利润法又称增量分析法，从理论上讲，边际利润法比其他方法更精确。边际利润法的基本前提是，只要增加一名销售人员所创造的利润（即边际销售利润）大于增加这名销售人员所带来的成本（即边际销售成本），那么就应该继续扩大销售队伍的规模，直至增加的最后一名销售人员所创造的收入和所耗费的成本相等的时候，即“边际销售利润＝边际销售成本”时，企业的利润达到最高值，此时获得了销售人员数量的最佳值。对于销售部门来讲，由于销售部门创造的利润是从销售毛利中扣除销售费用的结果，所以上述公式在此处应该转化为：边际销售毛利＝边际销售费用，也可以转化为：边际净利润＝0。

下面以销售 A 产品为例进行说明（其中，假设每位销售人员的固定成本为 75 000 元，佣金为边际销售额的 10%）。

（1）建立销售额与销售人员数量之间的关系函数

$$T=\phi(N,P,Q)$$

式中　N——销售人员数量；

P——A 产品的单价；

Q——A 产品的销售量；

T——销售额。

由于 Q 在其他因素（如季节、销售高峰期等）不变化的情况下，只受 N 的影响，即 $Q=g(N)$，又因为 P 是一个不变量，所以 $T=\phi[N,P,g(N)]=f(N)$。即销售额 T 与销售人员数

量 N 之间的关系函数为 $T=f(N)$。

（2）确定边际销售额

边际销售额是每增加一位销售人员时所增加的销售额。计算公式如下：

边际销售额=增加的销售额/增加的销售人员数量

增加一位销售人员而增加的销售额部分受以往雇用销售人员数量的影响，如表 3—2—2 中销售人员数由 10 位增至 11 位时，其销售额增加的数目与销售人员数由 20 位增至 21 位时增加的数目不同。

表 3—2—2　　不同数量的销售人员的边际毛利润

销售人员数量的改变	边际销售额（元）	增加的产品销售成本（元）	边际毛利润（元）
10~11	500 000	300 000	200 000
20~21	350 000	210 000	140 000
30~31	275 000	165 000	110 000
31~32	260 000	156 000	104 000
32~33	247 000	148 000	99 000

（3）确定每位销售人员的边际毛利润

边际毛利润是每增加一位销售人员而增加的毛利润数额，见表 3—2—2 第四栏。计算公式如下：

边际毛利润=边际销售额-增加的产品销售成本

其中，增加的产品销售成本是因销售量增加而增加的产品销售成本，不包括增加一位销售人员的成本。

（4）计算边际销售人员费用

边际销售人员费用是每增加一位销售人员多支出的雇用费用，见表 3—2—3 第二栏。

表 3—2—3　　不同数量的销售人员的边际净利润

销售人员数量的改变	边际销售人员费用（元）	边际净利润（元）
10~11	125 000	75 000
20~21	110 000	30 000
30~31	102 500	7 500
31~32	101 000	3 000
32~33	99 700	-700

计算公式如下：

边际销售人员费用=销售人员的固定成本+佣金=销售人员的固定成本+边际销售额×10%

其中，假设每位销售人员的固定成本为 75 000 元，佣金为边际销售额的 10%。

例如，对表 3—2—2 中“10~11”这一行的第二栏计算结果为：

75 000+500 000×10%=125 000（元）

（5）确定销售人员数目

当边际毛利润等于边际销售人员费用，即边际净利润等于 0 时，可使销售利润达到最大值。

其中，边际净利润=边际毛利润-边际销售人员费用，见表 3—2—3 第三栏。

由表 3—2—3 可知，第 32 位销售人员的边际净利润为 3 000 元，但增加第 33 位销售人员的边际净利润为-700 元，即增加第 33 位销售人员将带来销售利润损失，所以本例中销售人员的最佳数目应为 32 位。

任务实施

本任务的实施选择南京区域进行计算，以此作为其他区域的参考。WW 公司已经预算出南京区域 2016 年的销售额为 1 545. 6 万元（见表 2—2—4），可采用统计分析法对此区域需要的销售人员数目进行计算。

1. 确定下一年度计划的销售额

WW 公司预计下一年度可实现 1 545. 6 万元的销售额，即 $s=1\ 545.6$ 万元。

2. 确定销售人员人均销售额

从模块二中可知，公司 48 名销售人员 2015 年为全公司实现销售收入 9 600 万元，由此可以计算出 $p=9\ 600\div48=200$ 万元。

3. 确定下一年度所需的销售人员数量

$$n=s/p=1\ 545.6\div200=7.7\approx8 \text{ 位。}$$

最后可以确定南京区域需要的销售人员数目是 8 位。

思考与练习

1. 秋果公司共有客户 3 000 个，其中 A 类客户 400 个，年需访问 48 次；B 类客户 1 000 个，年需访问 36 次；C 类客户 1 600 个，年需访问 24 次。如果 1 名销售人员年均访问次数为 600 次，该公司共需销售人员多少位？

2. 确定现代企业销售组织规模的方法有哪些？

模块四　销售人员管理

任务1　招聘销售人员

知识目标

➢ 了解一名合格销售人员应具备的条件

➢ 掌握销售人员的招聘途径与程序

能力目标

➢ 能够利用报纸、网络等媒体进行销售人员的招聘工作

任务引入

临近年底，MM公司销售总监余卓凡又在为来年的销售人员配置和销售队伍建设犯愁。MM公司是一家通信配套设备制造商，主要产品有蓄电池、电线、电缆等几大类。MM公司有一套比较完善的销售渠道和网络，按照地域将全国市场分为几个销售大区，在三十多个省市都设有销售分公司或办事处，现有销售人员150人左右，是几大通信配套设备主要供应商之一，产品主要供应给通信企业。

近几年，公司销售出现了下滑，经分析原因，发现不是产品问题，原因出在销售人员身上。MM公司的销售人员大部分是来自本公司的一线生产工人，这些内部招聘来的人员在节约人力资源成本的同时确实为销售业绩做出了贡献，但是，随着经济环境的变化，竞争日益加剧，用户需求也在发生变化，而大部分销售人员由于本身知识和技能的局限，还在采用老一套的办法进行销售，逐渐跟不上形势，因此出现销售业绩上不去的局面。

对销售总监余卓凡来说，如何为销售队伍注入新鲜血液，使销售业绩突破瓶颈再上一个台阶，成为当务之急。

任务分析

企业要想创造突出的销售业绩，就必须要有优秀的销售人员。所以，企业首先要做好销售人员的招聘工作。

余卓凡想顺利的完成任务，首先，要做好MM公司销售人员招聘的基础工作，即对销售岗位进行分析、确定岗位能力要求、描述具体职位、分析需招聘的销售人员应具备的潜质和

条件等；其次，要选择招聘途径，是内部招聘还是外部招聘；最后，要采用恰当的招聘程序招徕英才。

相关知识

在企业所有的经营活动中，销售管理非常重要的内容之一是销售团队建设，而销售团队建设的一项主要工作就是组建销售队伍。销售经理要在人力资源管理部门的配合下，为企业寻找和选拔合适的销售人才，来充实销售队伍。

一、销售人员招聘的基础工作

1. 职位分析

通过职位分析能够明确地确定销售职位的要求、责任，提出销售人员的心理、生理、技能、知识和品格要求，在此基础上确定任用标准。这样，招聘工作就有了明确的选择依据，就可以通过素质测评等工作，选拔和任用符合工作要求的合格销售人员。

2. 职位能力要求

职位能力要求是完成工作所必要的职业条件，如经验、教育水平、工作态度、沟通能力、自我激励及独立工作的能力等。作为销售人员来说，职位能力要求需要更加明确，特别是对工作经验、工作态度和沟通能力等的要求，这是决定一位销售人员能否成为本企业优秀员工的重要因素之一。所以，在招聘选拔过程中，明确职位能力要求，能使企业更有针对性地招聘到合适的销售人员。

3. 职位描述

销售人员职位描述是详细说明工作要求的正式文件，也称职位说明书，主要内容包括职位名称、职责任务、隶属关系、产品和客户类型、与工作相关的重要要求等。销售人员的职位说明书可以减少销售人员的角色模糊、明确销售人员职责以及让潜在的销售人员熟悉销售工作，还可以为销售人员设立目标。

二、合格销售人员应具备的条件

一般而言，销售人员应具备以下基本特质。

1. 品质

销售人员的职业特性，决定了销售人员应具备以下几种基本品质。

（1）从他人角度来理解和判断局势的能力

这种品质在销售活动中可以带来两大优势：第一，销售人员能够去预测客户的想法，并对客户可能的行为做好准备；第二，可以帮助销售人员与客户之间建立密切的关系，如果客户感到销售人员不理解他们的问题所在，就会阻碍这种关系的建立。

（2）积极的心态

积极的心态是优秀销售人员所具有的最普遍的品质。具备这种品质的销售人员因为对销售工作具有理性、乐观的认识，往往能克服困难，在工作中取得成功。

（3）自我调节能力

自我调节能力即克服困难、走出失败的能力。在销售工作中，销售人员常常会因遭到拒绝而受到打击，而优秀销售人员的自我调节能力让他们不会因为这些拒绝而动摇自己的意志。

（4）诚实和正直

诚实和正直是信任的基石，客户往往更倾向与诚实、正直的销售人员打交道。如果一个销售人员的话难以置信，客户很快会转向那些值得信任的销售人员。

2. 技能

（1）沟通技能

沟通能力是销售人员应具备的最基本的技能。销售工作就是与人打交道，这就要求销售人员要具有较强的沟通能力，也就是“健谈”。销售人员的“健谈”包括“说”和“听”两个方面，而不是单纯的“说”。因为“听”也是优秀销售人员的重要特征，积极的聆听能够帮助销售人员对所获得的信息进行理解和分析。

（2）分析技能

分析技能是销售人员应具备的最重要的技能。沟通只是一种手段而不是最终目的，销售人员要想了解客户的真正需求，就要透过现象看本质，在沟通的基础上透过表面现象深入问题的核心，这就要求销售人员应具备一定的分析能力。

（3）信息整理技能

信息整理技能是销售人员必须具备的能力。因为销售人员需要掌握很多信息，包括客户资料、产品情况、企业状况、竞争对手和营销环境等，通过运用信息整理技能，销售人员能够将信息分类，并整理成有用的形式加以利用。

（4）时间安排技能

销售工作的特性决定销售人员必须懂得合理安排时间，有效安排工作的优先顺序。优秀的销售人员应善于分配和使用时间，将大部分时间花在优质客户身上，以保证取得较大的销售收益，同时兼顾小客户，以维持企业和产品的良好声誉。

3. 知识

销售人员应具备的知识类型包括企业知识、产品知识、客户知识、行业状况等。

三、销售人员的招聘途径

销售人员的招聘途径可分为外部招聘和内部选聘两类。对于企业来说，外部招聘是最常用的招聘途径，内部招聘一般作为辅助手段。

1. 外部招聘

外部招聘是指企业面向社会，按照公平竞争的原则公开招聘销售人员。

（1）外部招聘的实施方式

1）广告招聘。广告招聘是借助各种广告媒介，如报纸、杂志、广播、电视、网络等发布招聘信息进行人才招聘的一种方式，是招聘的常用手段。由于各种媒介都有各自优势、劣势（见表4—1—1），企业应根据自身情况，结合媒介特点进行选择。

表 4—1—1 不同媒介的优势、劣势对比

媒介类型	优势	劣势
报纸	1. 周期短 2. 广告大小有选择余地 3. 可限定招募区域	1. 容易被人忽略 2. 没有特定的读者群 3. 印刷质量不高
杂志	1. 针对性强 2. 保存期长，可不断重读 3. 广告篇幅弹性可变 4. 印刷质量较高	1. 难以在短时间里达到招募效果 2. 地域界限小
广播 电视	1. “嵌入式”信息传播 2. 发掘“跳槽”欲望 3. 兼做企业广告	1. 昂贵 2. 短暂 3. 传播的盲目性
网络	1. 图文效果优越 2. 传递速度快 3. 信息量大 4. 可统计浏览人数	1. 信息过多容易被忽略 2. 需上网条件 3. 信息的真实性受到怀疑

2）校园招聘。校园招聘是指企业到高等院校直接招聘应届毕业生，这是企业录入新员工最常用的一种方法，也为企业的长期发展提供人才储备。校园招聘方式越来越受到欢迎，其原因在于从高校招聘来的员工具有良好的基本素质和理论知识，学习欲望和学习能力都很强，而且没有形成职业定势，企业能将其塑造成自己所需的人才。校园招聘可以通过招聘海报、校园网、专场招聘会等途径进行宣传，也可以采取毕业实习、学校推荐等方式招聘人才。企业采用校园招聘时要注意尊重学生，无论是否录用都应给学生一个反馈。

3）员工推荐。员工推荐又叫熟人介绍，这是一种常见的招聘方式。如中国知名的电信设备制造商华为公司就经常将空缺的岗位和对应聘者的要求在公司内部公开，鼓励自己的员工向公司推荐合适的人才。员工推荐方式大大提高了招聘效率和准确性，因为企业员工对用人标准和所要推荐的人都比较熟悉，能够比较好地把握企业用人标准在招聘过程中的落实，企业员工推荐的人才往往更符合企业的需要。

4）参加人才招聘会。参加人才招聘会是一种传统的招聘方式，多家企业通过“摆摊”的形式集中在一个场所进行人才招聘。这种方式往往能在很短的时间收到大量的简历，获得多名候选人。但是，人才招聘会往往鱼龙混杂，导致招聘的有效性很低。因此，企业一定要选择有价值的招聘会，并在参加招聘前进行精心准备。

5）代理招聘。代理招聘是把招聘人才的任务交给职业介绍所或猎头公司等中介机构来完成。中介机构能够在很大范围内提供应聘者信息，使企业的招聘工作简单化，降低人力资源部门的工作量，并且对于招聘销售人员这样的基层岗位有成本优势。不过，在选择中介机构时要慎重，要考察其有无资质，并且要明确双方的权利和义务。

6）特色招聘。特色招聘是企业通过组织一些具有特色的招聘活动来吸引求职者，如主题活动、电话热线、接待日等。

（2）外部招聘的优缺点

外部招聘的优点在于因事求才，利用外来人才的能力和经验为企业补充新鲜血液，并能

避免企业内部“近亲繁殖”现象。但是，外部招聘也有不足之处，如新员工与企业磨合期长、容易挫败内部员工积极性、成本费用高等。

（3）外部招聘的注意事项

在外部招聘的过程中，为保证招聘的效率，必须做好以下几点：

1）招聘前。第一，要做好销售人员需求规划，明确企业到底需要多少销售人员、对销售人员有什么要求、什么时候需要、从什么途径获得、以什么方式获得等；第二，进行职位分析，明确企业要招聘什么层次的销售人员，他们在组织中处于什么位置，要具备什么样的素质和能力等；第三，选择恰当的招聘方式，做好招聘宣传工作，应注意不能为了片面追求最好的效果而导致招聘成本过高。

2）招聘中。第一，把符合条件的应聘者初步筛选出来；第二，通过合理的面试程序把具备销售素质的应聘者选拔出来；第三，采用科学的测试方法把真正有能力和潜力的应聘者挑选出来。

3）招聘后。第一，要认真进行调查审核，确保候选人资料真实可信，能够胜任销售工作，并能与企业和整个销售团队融合；第二，办好录用者的入职手续。

2. 内部选聘

内部选聘就是从企业内部选拔具有销售特质的人来充实销售队伍。在企业的销售岗位要求应聘人员高度熟悉企业和企业的产品，或者岗位急需人才来不及外部引进，或者企业为了降低成本等多种情况下，企业常常采用内部选聘的方式来获得人才。企业内部某些具有销售能力的人员，尤其是一些年轻人员，可能在其他岗位工作，当销售团队需要补充人员时，在本人自愿的情况下，可以通过一定的测评方式，将其纳入销售队伍中。内部选聘对员工与企业的契合更有好处，日渐成为企业人力资源补充的主要方式之一。

（1）内部选聘的实施方式

1）内部竞岗。内部竞岗是内部选聘最常用的方法，尤其是对于销售这样的一线岗位。典型的内部竞岗是将销售岗位的空缺以工作公告的形式在企业内部公开，如图 4—1—1 所示，工作公告要较详细地描述该岗位的薪资、责任和必要的任职资格，所有符合资格的员工都可以申请，参与公平的销售岗位竞争。

工作公告　　编号：__________

公告日期：__________　　结束日期：__________

在__________部门中有__________职位可供申请。

薪资水平：__________元

职责(参见岗位说明书)

可优先考虑的技术或能力：________________

申请方式：

1. 电话申请可致电______________。

2. 将填写好的内部工作申请表连同履历表一同寄至______________。

对于所有的申请人就以上条件进行初步审查。

甄选工作负责人：__________

机会面前，人人平等

图 4—1—1　内部竞岗工作公告

2）主管推荐。主管推荐的方式有利于用人标准的落实，主管对于销售职位要求和员工具体表现都有发言权，他们本身也是企业文化与企业战略执行的中坚力量，在员工发展和企业目标之间起着桥梁作用。但是，采用主管推荐的方式要注意流程规范性和公平性，避免出现主观偏差和任人唯亲的问题。

3）利用企业人力资源信息系统。从企业的人力资源信息系统中查询到合适的销售人员人选，是比较快捷的内部选聘方法。但是，这种方法依赖于人力资源信息系统的建立。随着企业人才档案的日益健全，越来越多的企业采用这种方式拓宽内部选聘的渠道。

（2）内部选聘的优点

1）人员熟悉，磨合期短。应聘者来自企业内部，对企业文化和企业的经营理念相当明确，为企业与员工双向促进奠定了良好的基础。尤其是相当一部分应聘者来自生产一线，他们对产品的类型、规格、生产工艺流程、包装等都非常熟悉，所以选聘他们从事销售工作，不需要对产品和企业相关知识进行专门培训，能在较短时间内开展工作。

2）节约招聘成本。相比外部招聘，内部选聘可以使企业节约广告费、会务费、代理费等直接费用，如果考虑招聘和培训的时间成本，节省的费用则更多。

3）选聘的成功率较高、风险较小。由于企业对员工的优点和不足非常清晰，这就为培训开发和工作指导打下了基础，所以比起外部招聘，内部选聘的成功率更高。同时，员工是自愿转换岗位从事销售工作的，所以他们的忠诚度更高，能够在销售岗位上干更长时间。

4）激励员工。内部选聘树立了企业为员工提供长期工作保障的形象，激励员工努力工作，有助于员工队伍的稳定。这种选聘方式向员工表明，企业会对每一个员工负责，会根据员工的能力给予合适的工作岗位，员工在本企业工作，可以与企业共同发展。

（3）内部选聘的缺点

1）容易“近亲繁殖”。在内部选聘过程中，选聘人员往往更倾向于将销售岗位给与自己关系密切的人，久而久之，企业中可能会出现一些小团体，这样非常不利于销售工作的开展和企业文化的传播。

2）可能造成部门之间的矛盾。应聘者可能在原来的岗位上工作出色，但出于对销售工作的喜爱，才通过内部选聘来到销售部门。而原部门会认为销售部门是在“挖墙脚”，可能造成企业内部一些不必要的矛盾。

3）更换岗位的员工会有一个困难的适应期。销售工作是一项具有挑战性的工作，尽管新员工可能在这方面有很大潜能，但一开始的工作表现会不尽如人意，可能受到本部门一些人员的非议。所以，应聘者要有良好的心态，以促进自己较快完成新角色的转换。

四、销售人员的招聘程序

销售人员的招聘程序是指企业从出现空缺销售岗位到候选人正式进入企业从事销售工作的整个过程，如图 4—1—2 所示。各个企业销售人员的招聘程序不尽相同，但都必须在上一个步骤通过之后才能进入下一个步骤，以确保选拔出优秀的销售人才。

填写申请表 → 初步筛选 → 复试（笔试＋面试）

图 4—1—2　销售人员的招聘程序

1. 填写申请表

填写申请表的目的是防止不符合条件的人员

仍继续参加后续各阶段的选拔，以节省甄选的时间及费用，提高效率。

申请表由求职者通过网络填写或在招聘现场填写，一般包括本人基本资料、教育背景、工作经历、兴趣爱好、求职意向等，要求申请人据实填写，必要时需出示有关证明材料。申请表的作用主要在于：可据此初步断定申请人是否具备工作所需的一般条件或资格；可以此作为面试时的提问导向；便于对申请人提供的各种资料进行全面衡量。

2. 初步筛选

申请人填完申请表后，负责招聘的人员可根据申请表的资料进行初步筛选。衡量时可确定一些必备条件（如年龄、学历、工作经验等），淘汰不符合条件者，对具备必备条件者再综合考虑。可根据必备条件建立一种计分制度，分数高者优先。

3. 复试

销售工作的特性要求销售人员只有具备相应的能力，如观察能力、记忆能力、理解能力、分析能力和解决问题能力等，才能在销售工作中取得一定的成绩。通过复试可以检验出应聘者的真实能力和水平。复试一般有以下几种类型：

（1）智力测试。智力测试题目可以对应聘者的智力水平、逻辑和推理能力、空间思维能力进行综合检测。智力测试一般是笔试。

（2）态度测试。态度测试一般也是笔试，主要测试应聘者对从事销售工作的热情程度。

（3）诚实测试。诚实测试用于测试应聘者是否诚实，不诚实的人不能成为一名合格的销售人员。诚实测试采用笔试、面试均可。

（4）心理素质测试。心理素质测试主要测试应聘者的个性、情感稳定性、沟通力、适应力及推动力等。心理素质测试可以是笔试，也可以是其他方式，如情景测试即为心理素质测试的一种。

（5）专业知识测试。专业知识测试主要通过笔试考察应聘者销售方面的知识，如产品知识、客户知识、竞争知识、行业知识等，目的是考察应聘者是否掌握从事销售工作的基本专业知识。

4. 面试

面试是一种最普通也是最重要的选拔测评方法，是整个甄选工作的核心部分。面试可以通过面试官与应聘者面对面的观察、交流等双向沟通方式，了解应聘者的素质、能力与求职动机等，也可以置应聘者于某种特定情景中进行观察，从而对其是否具备某些能力、素质和资格条件进行测评。

企业可以通过面试来核实应聘者申请表上的资料，并通过应聘者的表现来判断其未来实际工作的效果。面试还可以使应聘者加深对企业和应聘职位的了解，并澄清可能有误解的地方。企业也可以通过面试听取应聘者对将来工作的设想。

（1）面试的类型

1）根据面试将要达到的效果不同，可将面试分为初步面试与诊断面试。初步面试比较随意、简单，类似于面谈，它主要用来加深用人单位与应聘者之间的相互了解。诊断面试是对经过初步筛选的应聘者进行实际能力的测试，这对应聘者最后能否被录用影响重大。

2）根据参与面试人员的构成不同，可将面试分为个别面试、小组面试、集体面试和流水式面试。个别面试是一对一的面试，也就是一个面试官对一个应聘者，这种形式有利于双方深入了解，但面试结果容易受到面试官主观因素的干扰。小组面试是多对一的面试，也就是多个面试官对一个应聘者，显然比起个别面试更能克服主观因素的影响，提高面试结果的准确性。集体面试是多对多的面试，这种面试形式是对应聘者的思维能力、表达能力、组织能力、分析与解决问题能力的综合考验，从中发现佼佼者，当前为很多大公司所采用的情景模拟面试就是其中一种。流水式面试是让每一个应聘者按次序与多个面试官面谈，再综合几个面试官的意见和看法给予应聘者一个结果，由于各个面试官提问的角度不同，所以这种面试方式能对应聘者的能力和兴趣特长进行综合考察，具有较大的优越性。

3）根据面试组织形式标准化和程序化的程度不同，可将面试分为结构化面试、非结构化面试和半结构化面试。结构化面试是指在面试之前即确定好面试的内容、程序、分值结构等，面试时按部就班进行，这种面试形式能够减少面试官的主观因素，应聘者如果在面试之前充分准备，则成功率较高。非结构化面试也称开放式面试，面试不受固定模式的约束，面试官和应聘者都可以随想随谈，这种面试形式灵活，能够更深入考察应聘者的能力，但易受面试官主观判断的影响，成本较高、效率较低。半结构化面试是介于结构化面试和非结构化面试之间的一种形式，它兼具两者的优点，在深入获得应聘者信息的同时，又将主动权牢牢抓在面试官手中。

（2）面试的重点内容

由于应聘者和环境的差异，面试内容会有所不同，但有些内容是销售人员面试所需关注的共同点，主要包括求职动机、仪表风度、专业知识、特长、个人兴趣与爱好、人际交往和沟通能力、判断分析能力、应变能力等。

（3）面试的技巧

对于面试官来说，面试应包括“问”和“听”两个方面。提问时应注意不要提出那些让应试者直接描述自己能力、特长的题目，因为难以辨别应聘者回答的真假，提出的问题应该是开放性的，避免应试者猜测面试官的意图。

例如，在面试销售人员时提问：“你觉得工作中最大的激励是金钱还是从工作中获得快乐？”不如改为“你认为什么是工作中最大的激励？为什么？”这样就避免了应试者猜测提问的意图。再如，在面试销售人员时可以提出这样的问题：“请谈谈你在原来公司的销售业绩，你认为是什么原因让你取得这个成绩的？”通过应聘人员自己的描述判断其能力和特长。或者提出这样的问题：“如果你去拜访客户，恰好你公司以前销售给他的产品出了问题（以前的销售人员销售的），客户见到你不理不睬，或者抱怨，甚至大发雷霆，你该怎么处理？”如果应聘人员不知所措或者从此不敢再去拜访这个客户，那么说明其销售技巧还有所欠缺，正确的做法是诚恳接受客户的抱怨和批评，再和客户一起找原因，并帮助客户解决问题。

倾听的技巧包括善于提取要点、少说多听、排除各种干扰等。

（4）面试的评估

面试官应对面试的结果作明确的评估，以便决定是否淘汰应聘者，如认定应聘者合格，则进入下一阶段的挑选。评估方法一般采用面试评估表，就表内的各项内容予以评分，最后根据分数作出全面评价（见表4—1—2）。

表4—1—2　　销售工作应聘者面试评估表

应聘者：　　时间：

评估项目	评估标准	评估等级			
		优	良	中	差
仪表	外表整洁，身体健康，举止礼貌				
口才	吐字清楚，用词恰当，表述清晰，逻辑性强				
知识	知识丰富，思路宽广				
经验	专业工作经验或同类工作经验丰富				
智慧	思维敏捷，考虑周到，分析合理，理解力强				
进取	上进心强，不过分计较地位、权力				
诚意	言必由衷，态度明朗，不易动摇，毫不做作				
毅力	不屈不挠，不轻易变更工作				
说服	辩论有力，引人注意，激发兴趣，使人领悟				
友情	能唤起他人同情，建立亲密友谊				
成熟	目标明确，责任心强，认识现实，自律能力强				
抱负	谋求发展，发挥潜能，争取最好的工作成绩				
综合评估					

评语：

招聘面试官：

任务实施

销售总监余卓凡考虑了MM公司销售岗位的空缺情况和需求时间，经过与人力资源部的深入讨论，按照如下程序进行人员招聘。

一、制定用人标准

1. 能力要求

MM公司的用人标准应以能力为主，学历为辅，看重的是实际能力，如较强的沟通、谈判能力，一定的分析能力，以及在以往工作中做出的成绩等。另外，MM公司是一家通信设备公司，销售的产品主要是蓄电池、电线、电缆等，若应聘人员有这方面产品的销售经验，则可以优先考虑。

2. 学历要求

大专学历即可，对特别优秀的人才，此项要求还可以放宽。

3. 考查应聘者的职业期望

在人才甄选上，应婉拒只冲着较高的物质报酬而来的应聘者，着重考察应聘者是否看重将来的发展，只有树立和企业共同发展愿景的人才才不易流失，能和企业一起拼搏和成长。对于应届毕业生，由于他们没有实际工作经历和经验，应着重考察其可塑性，只有那些具备良好学习态度和学习能力的人才是 MM 公司需要的人才。

4. 其他条件

应熟悉计算机操作，能吃苦耐劳，有高度的敬业精神。

二、选择招聘方式

由于 MM 公司现阶段大部分销售人员都是出自生产一线的工人，对销售工作产生了不利的影响，所以，这次招聘决定采取外部招聘的方式，主要途径是校园招聘和人才招聘会，还可以配合使用广告招聘的方法。

1. 校园招聘主要是招聘应届毕业生，为 MM 公司的长远发展培养和储备销售人才。校园招聘应在春节前启动，主要对象为大专院校，MM 公司人力资源部将组织人员到附近城市的大专院校进行宣传，并现场接受简历，进行初步筛选。

2. 人才招聘会主要招聘富有销售工作经验的人员，他们进入 MM 公司后，经过较短时间培训即能开始工作，以备适应春节后的市场急需。春节后开始到人才招聘会设点揽才，这是考虑到春节后人才流动较频繁的特点。参加人才招聘会要有所选择，要充分考虑行业及岗位需求特点，避免盲目投入。

3. 在 MM 公司网站和比较有影响力的报纸上刊登招聘广告，接受应聘者直接投递简历和求职申请。

三、进入招聘程序

1. 填写申请表

由应聘者通过网络填写或在招聘现场填写申请表。要求应聘者据实填写，必要时需出示有关证明材料。

2. 初步筛选

通过上述三种招聘途径，MM 公司共收到 400 多份应聘销售人员的简历，人力资源部首先根据这些简历，对应聘者进行初步筛选。简历筛选主要看应聘者以往从事的工作岗位、行业及业绩。应届毕业生主要看其所学专业、学习成绩、在校担任学生干部的情况，以及参与社会实践活动的情况。经过初步筛选，留下了 160 份符合条件的简历。

3. 初试

初步筛选结束以后，由人力资源部招聘专员通知简历符合条件的应聘者到 MM 公司进行初试。初试由笔试和面试组成，为避免应聘者多次往返，笔试结束即进行面试。笔试试卷由人力资源部和销售部门共同编制，内容主要是销售方面的专业基础知识和一些常识。面试主要由人力资源专员进行，重点了解应聘者的基本情况，考察其外表、谈吐及态度，并就报酬等问题进行初步沟通。经过初试，筛选出 100 人进入复试。

4. 复试

复试由销售部门人员负责，人力资源部通知初试合格的应聘者前来复试。复试由销售经理与应聘者面谈，对于有工作经验的应聘者，销售经理可以与其谈谈以前的销售岗位、销售业绩，对于应届毕业生，销售经理主要了解其在校期间担任学生干部、参加社会实践等情况，通过预设一些情景问题来深入考察两类应聘者的态度、能力等方面。复试时，对于表现良好的应聘者，销售经理还可以与其沟通 MM 公司的销售业务和销售情况。经过复试，共选出符合条件的应聘者 60 人。

5. 背景调查

复试通过的应聘者由人力资源部进行背景调查，主要针对有工作经验的销售人员，到原工作单位或户籍所在地派出所进行调查。在调查过程中，发现有 6 个有经验的销售人员在原单位工作时存在不同问题，有的纪律涣散，有的私自截留给客户的费用，有的销售业绩一直不佳，因此，取消了这 6 个人的资格。

6. 录用

对于前几关顺利通过的 54 名应聘者（其中 15 名应届毕业生），由人力资源部组织他们进行体检，并为体检合格者办理入职手续。

思考与练习

1. 一名合格的销售人员必须具备哪些条件？
2. 简述销售人员的招聘途径。
3. 为避免招聘面试中的主观判断带来偏差，可以采取哪些措施？

任务 2　培训销售人员

知识目标

➢ 了解销售人员培训的内容

➢ 掌握销售人员培训的程序

能力目标

➢ 能够完成对销售人员培训的效果评估

任务引入

MM 公司从各大院校招聘来的 15 名销售人员即将毕业来公司入职报到。人力资源部提出专门针对这15名销售新人制订一项培训计划，以便让他们对公司有全面的了解，同时学习一些销售技巧，更快实现从学生到销售人员的角色转换。

那么，要针对这批销售人员实施培训，培训内容和方式如何确定？培训师资如何选择？培训过程中如何进行管理和控制？这些都是余卓凡和人力资源部必须仔细考虑的问题。

任务分析

对于新招聘的15名刚走出大学校门的学生，MM公司需要对他们进行专业培训，使其尽快掌握企业的价值观及职位所需的知识和技能。销售人员的培训流程包括分析培训需求、制订培训计划、实施培训措施、评估培训效果四个环节，如图4—2—1所示。

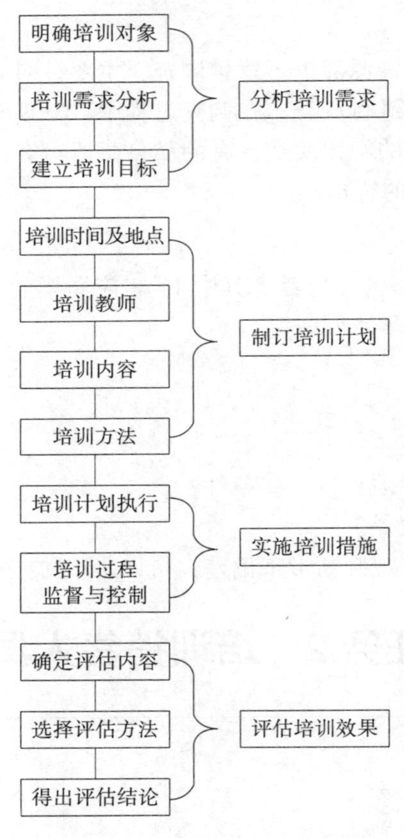

图4—2—1　销售人员的培训流程

相关知识

销售人员培训是指企业为销售人员提供与销售工作有关的技能、知识、态度和行为的学习机会，旨在增进销售人员的工作绩效，更好地实现企业的整体目标，这是销售管理的一项重要内容。当销售遭遇瓶颈、销售人员表现不佳时，通过培训可以发现问题，并找到行之有效的解决方法。定期对销售人员进行培训，还可以提高其知识和技能，加强销售团队协作，使个人和企业绩效得以改善。

一、销售人员培训计划

销售人员培训计划是根据企业近期、中期、远期的发展目标对企业销售人员需求进行预测、分析，并据此制订培训方案的过程。培训计划是一个系统工程，它包括确定培训目标、设计培训内容、选择培训方式、确定培训时间和地点、配备培训师资、决定考评方式，另外还包括培训计划的调整和培训组织管理等工作，如图 4—2—2 所示。

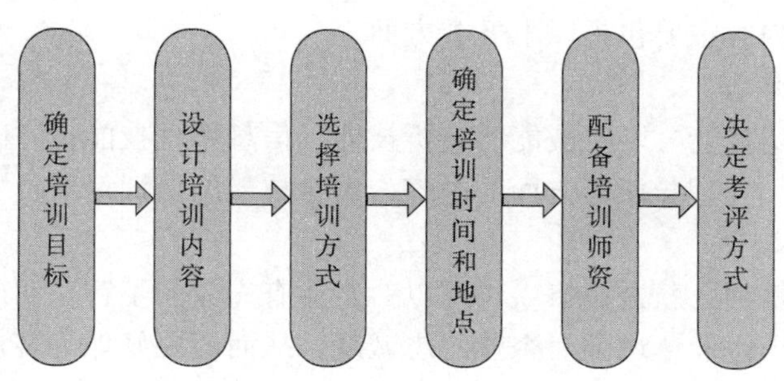

图 4—2—2 销售人员培训计划流程

虽然培训可以让销售人员和企业都获益，但从成本考虑，企业不可能无限地提供人力、物力、财力和花费时间对员工进行培训，也不可能将所有员工培训到同一层次、同等程度或安排在同一时间培训。因此，确定销售人员培训计划时必须有针对性，根据人员的不同层次和不同需求，分时间、分地点、分内容、分批次地进行培训。

1. 确定培训目标

培训目标一般包括下列内容，其中最主要的内容是要达到提高销售效率和增加销售额的目的。

（1）提高销售效率、增加销售额

销售人员经过培训，绩效能够得到提升，每个销售人员的销售额增加，销售成本降低，从而提高整个销售团队的销售效率和销售利润。

（2）降低离职率

通过模拟真实的销售场景，帮助销售人员发现并解决销售中的问题，包括销售中可能遇到的困难和打击。经过这样的培训，销售人员在提高技能的同时，可以提高抗挫折能力，降低辞职的可能性。

（3）增强士气

经过培训的销售人员目标明确，面对困难或打击可以抱以乐观的心态，这样更容易使其在销售活动中取得成功。

（4）加强自我管理

训练有素的销售人员自我约束和管理能力增强，懂得合理分配和使用时间，会充分利用有限的工作时间为企业创造更大的效益。

（5）促进沟通

通过培训，可以让销售人员明确为企业提供信息的重要性。销售人员位于市场一线，通常能了解和掌握一手的市场、客户及竞争对手信息，这些信息应及时反馈给企业，以便管理者和决策层使用。

（6）改善客户关系

目标明确的培训能帮助销售人员了解客户的需求，更好地将产品推销出去，改善与客户的关系，避免过度推销，并能较好地处理客户投诉。

2. 设计培训内容

销售人员的培训内容主要包括以下五个方面。

（1）销售技能的培训

销售技能包括表达技能、聆听技能、分析技能、信息整理技能、时间管理技能，以及谈判、成交、客户服务、处理异议等方面的内容，销售技能的培训对新员工尤其重要。

（2）企业知识的培训

通过企业知识的培训，新进销售人员可以对企业有充分的了解，明确企业文化和经营理念，更快、更好地融入企业，增强对企业的忠诚度，从而能更好地为客户服务，为企业带来忠诚客户和利润。

（3）产品知识的培训

销售人员必须对自己所销售的产品非常熟悉，才能将其有效地推销出去。同时，当客户在产品的使用中遇到困难时，销售人员还要帮助其解决问题。因此，产品知识的培训是必不可少的。

（4）客户知识的培训

客户知识的培训是销售人员培训项目中很重要的一个方面。只有客户购买了产品，销售才算成交，企业也才能因此获利。由于客户具有多样性，销售人员必须知道不同类型客户的喜好、偏好、购买习惯和购买行为，根据客户的特点决定采用的销售方法，才能满足客户的需要并让客户满意。

（5）行业和竞争状况的培训

一名善于打仗的指挥官不仅要“知己”，更要“知彼”，只有这样才能战无不胜，销售人员也是如此。只有对行业和竞争对手进行分析，深入了解行业环境，才能发现自身和同行的优劣势，并采取相应的策略使自己在竞争中处于不败之地。对销售人员进行培训，可以增强他们对行业信息和竞争对手情况的敏感性，增强他们获得这些信息的能力。

3. 选择培训方式

培训方式选择是否恰当，极大地影响培训效果。根据培训目标的不同，可以采取以下多种不同的培训方式。

（1）课堂培训

课堂培训是指以集中上课的方式培训员工，即通过培训教师的演讲来传授知识，这是应用最为广泛的一种培训方式。这种培训方式的优点是能在较短的时间内将大量知识以最直接的形式传递给受训者，有效性较高。不过，课堂培训的不足之处也很显著：第一，它不能根据受训者的个体差异实现因材施教；第二，它是一种单向信息沟通，受训者容易厌倦；第三，受训者单纯靠“听”来消化理解上课内容，影响培训效果。因此，培训教师要注意受训者在学习能力、方式和兴趣方面的差异，在演讲结束后辅以练习和讨论，同时重视受训者的反馈，方能取得良好的培训效果。

随着技术的进步，课堂培训还可以辅以音频、视频等多媒体技术，让培训更加生动直观，明确学习要点，提高受训者的参与程度。但使用多媒体技术进行培训成本较高，培训教师需熟练掌握与使用多媒体技术。

（2）现场培训

现场培训是让受训者在工作现场边工作边学习的培训方式。这种培训方式可以让受训者兼顾工作和培训，同时省去了专门的培训场所和设备的使用费用，因此，很多企业采用这种培训方式。

销售人员现场培训的主要内容包括企业历史和现状、企业文化理念、产品知识、从事销售工作必备的专业技能等。

销售人员现场培训的对象主要是新员工，包括刚毕业的学生和从社会上招募来的有一定工作经验的人员。前者刚刚走出校门，需要进行企业知识、产品情况、销售技能的综合现场培训，后者视具体情况而定，有销售工作经验的人员需要熟悉企业和产品，无销售工作经验的人员还需要增加销售技能的培训。

（3）上岗培训

上岗培训是一种在工作岗位上对销售人员进行培训的方式。一般新招聘来的销售人员经过课堂培训和一定的现场培训之后，就可以进行上岗培训。具体做法是让新进销售人员在销售岗位上由“师傅”带一段时间，然后再独立工作。这种培训方式能让受训者很快地熟悉业务，上手销售工作，效果比较理想。需要注意的是，“师傅”要由经验丰富的销售人员担任，否则效果不佳。

（4）模拟培训

模拟培训是让受训者亲自参与并有一定实战感受的培训方式。这种方式比较直观，培训内容更容易为受训者所接受。模拟培训的具体方法有案例分析、角色扮演、行为模仿、商业游戏等。通过实况模拟，可以提高销售人员处理复杂情况的能力。例如角色扮演，给受训者一个故事情节进行演练，受训者通过扮演不同的角色，理解和体会角色的切身感受。再如商业游戏，将受训者组成若干小组，各个小组根据面临的环境及有关经济变量做出决策，然后以博弈的方式进行互动，在互动中感受真实的工作体验。

（5）会议培训

会议培训是企业聘请专家进行专题演讲，演讲结束后受训者可以与专家围绕主题双向交流，展开自由讨论的培训方式。微软公司就经常采用会议培训的方式培训员工。这种培训方式适合有一定的销售理论知识和实际销售经验、需要对某方面问题进行深入探讨的销售人员。

（6）远程培训

远程培训是将远程技术等先进手段运用在培训中，如远程电话培训、远程可视培训、互联网培训等。这种培训方法对于销售人员非常方便，受训者培训时不受时间、地点的限制，培训的同时不影响销售工作的开展。

（7）其他培训方法

近几年，户外训练、拓展训练、军事演习等方法逐渐出现在销售人员的培训中。这类方法通常以团队的方式进行，主要作用是加强团队协作能力、建设优秀的销售团队。

4. 确定培训时间和地点

应根据培训内容和培训方式来确定培训时间、选择培训场所。要考虑受训者是否方便参加培训、培训设备是否能得到充分利用、培训教师能否保证等问题。同时，还要考虑培训实施中的组织和管理，如受训者的食宿及交通安排等问题。

（1）确定培训时间

确定培训时间时要考虑销售人员的工作情况。在培训计划中，培训时间的选择包括三方面内容，一是整个培训计划的执行期，二是其中每一个培训项目的培训时间，三是每一个培训项目的培训课时。

（2）确定培训地点

确定培训地点的原则是要方便培训的实施，要考虑培训场所的硬件设备和周边环境，以保证培训效果。

5. 配备培训师资

师资质量是决定培训工作质量的关键，培训教师具体承担销售培训的教学任务，其素质和能力的高低、教学方法的选择及态度积极与否，都关系到培训的效果。选择高质量的培训教师是培训成功的关键。企业在培训计划中要明确每个培训项目的培训教师，根据培训内容和培训对象的不同，培训教师可以采取内聘或者外请的方式。

（1）企业内部培训专家

企业内部培训专家是企业的专职培训人员，他们了解销售人员的需求，负责建立健全销售培训与开发计划，专门负责销售培训。很多大企业都有自己的培训专家，如中国平安人寿保险公司就拥有多名培训讲师，定期或不定期地对本公司保险推销人员进行培训。内部培训专家的优势是他们在销售培训方面有专长，能够提高销售人员的能力，为销售人员打气，同时培训成本比较低。不足之处在于不能满足销售人员某些特殊的需要。

（2）销售人员

选择企业内经验丰富、业绩斐然的销售人员进行现身说法，通常具有很强的说服力。这类人员具有多年的销售经验，非常熟悉企业和产品，并且是一部分销售人员模仿和学习的对象，由他们担任销售培训讲师，往往能使培训主题更加突出、培训效果更加显著。缺点在于这类销售人员不是专门的培训讲师，他们在实战中厉害，但不一定善于传授自己的经验，有可能会影响培训效果。

（3）销售经理

销售经理最了解自己的销售人员，对产品和市场也相当熟悉，由他们亲自培训销售人员，效果当然是最佳的。但是，由于销售经理的特殊位置，一部分销售人员，尤其是新员工可能会慑于其职位权力，使培训流于形式。另外，销售经理事务繁忙，往往不能全力投入培训。

（4）外部培训专家

外部培训专家是指来自企业之外的专职培训人员，包括管理咨询公司的专业销售培训顾问，高等院校市场营销方面的学者或教师，某些机构对销售颇有研究的权威人士，以及其他在销售方面卓有成效的个人。由于外部培训专家专攻销售培训项目，掌握大量的相关信息，在市场研究以及销售新理念、新技能等方面比企业内部人员更有优势，可以促使销售人员的绩效上一个台阶。但由于聘请外部培训专家培训成本较高，因此，在聘请外部培训专家时要注意务实，以避免付出高昂的代价换来对销售人员和企业无用的理论。

6. 决定考评方式

培训考评可以检验培训效果。通过反馈及考评，发现培训计划和培训实施中的不足之处，以供将来培训时参考。培训效果考评可以通过受训者的考试、受训者的意见反馈、受训者的行为变化、培训的投入产出分析四种方式进行。每一次培训后及时进行考评，可以督促受训的销售人员将培训落到实处，使培训真正具有成效。

二、销售培训的程序

销售培训的程序如图 4—2—3 所示，包括分析培训需求、制订培训计划、实施培训措施、评估培训效果四个环节。

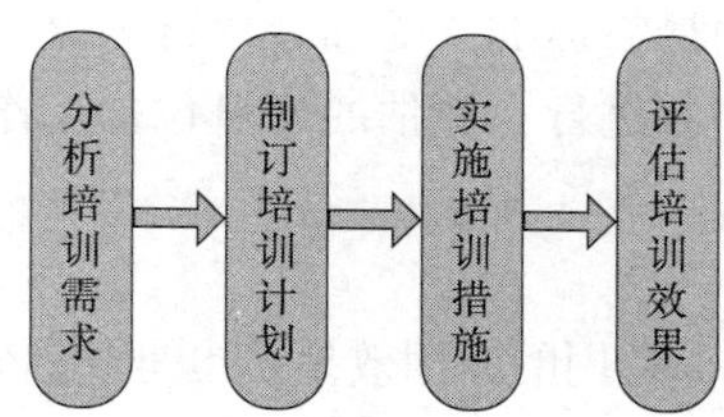

图 4—2—3 销售培训的程序

1. 分析培训需求

进行培训的需求分析，是销售人员培训的起点。分析培训需求的目的在于确定需要培训的人员、需要培训的内容等。其关键在于找出销售中出现的问题及原因，并确定是否能通过培训加以解决。

分析培训需求通常涉及企业状况、工作状况和人员状况的分析，通过分析了解企业所处的环境状况和企业的发展战略、销售人员需具备的素质和技能，以及现实中销售人员的实际能力。经过对比，发现理想与现实的差距，并对这些缺口进行研究，找到解决问题的方式，以此确认培训需求。

2. 制订培训计划

制订有针对性的培训计划，是培训工作的重要环节。培训计划主要解决以下问题：培训什么内容、选择何种培训方式、何时何地进行培训、谁来进行培训等。

3. 实施培训措施

实施培训措施是销售人员培训的中心环节，由专门的培训教师实施培训，人力资源部负责组织、管理和后勤服务等相关工作。实施培训措施主要包括培训时间和地点的选定，培训教师的确定，以及布置培训教室、编制培训日程安排、准备教学用具和培训资料等工作。

4. 评估培训效果

对培训效果进行评估也是销售培训工作的重要环节。评估既是对前一阶段培训效果的总结，也是改进和完善下一阶段培训工作的重要步骤。评估培训效果的流程一般为选择销售培训评价方法—收集反馈信息—对培训进行分析、总结。

销售培训评估的方法一般包括以下四种：

（1）受训者的考试

通过对受训者进行测验、实际操作考核等手段，可以衡量受训者的培训效果，了解受训者培训内容的掌握情况。需要注意的是，考试内容的设计要结构合理、客观、科学，最大限度地体现培训效果。

（2）受训者的意见反馈

受训者参与培训，在培训中和培训后必然会形成自己的感受和意见，这种意见反馈可作为评价培训效果的依据。一般采用填写意见反馈表的形式来了解受训者对培训课程的满意程度。意见反馈表的具体内容可以包括培训目标是否合理、培训内容是否实用、培训方式是否恰当、培训教师是否有水平等各个方面。

（3）受训者的行为变化

受训者在培训中获得的知识和技能能否应用于实际操作，能否实现学习成果向工作能力的转化，是评价培训效果好坏的最终标准。受训者的行为评估一般使用行为评估表进行，在受训者回到销售岗位上 3 个月左右进行，评估的变量包括工作积极性、行为规范性、操作熟练性、分析解决问题的有效性等。

（4）培训的投入产出分析

评估培训的投入产出，即培训费用的使用效果，也是培训效果评估的重要内容。培训的目的是通过受训者效率的提高为企业带来效益，因此，需要对培训成本和培训收益进行评估。

任务实施

余卓凡要求人力资源部针对这 15 名大学生制订一个完善的培训计划，并精心组织和安排培训，力求让这些新人在培训中真正学到东西，为正式走上销售岗位打好基础。

一、分析培训需求

培训要根据大学生刚刚走出校门、没有工作经验、对 MM 公司和销售技能了解较少的特点来进行。一方面是让新员工尽快熟悉企业和产品，同时对市场、客户、竞争对手和行业有所认识；另一方面是让新员工掌握一些销售知识和技能，学习如何与客户沟通、如何有效推销产品、如何处理投诉等销售工作的重点。

在培训方式上，单纯的课堂培训只能让受训者学习到某些销售的理论知识和常规做法，显然是不够的，应该针对不同培训内容选取不同的方式，如可通过车间现场培训加深他们对产品的认识和了解，也可安排他们在销售岗位上边学边干，这样效果更佳。培训师资、培训场地、考评方式等也应该根据培训内容和培训方式的不同分别选取。

二、制订培训计划

根据公司要求、销售工作的特点和大学生本身的特点，人力资源部决定将培训分为三个环节，如图 4—2—4 所示。

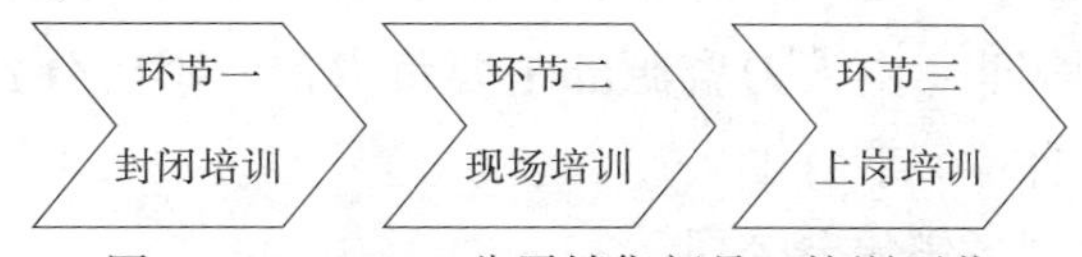

图 4—2—4 MM 公司销售新员工培训环节

各环节具体培训安排如下：

1. 环节一： 封闭培训（由人力资源部主要负责，销售部门协助）

• 培训时间：7 月 1 日—7 月 5 日

• 培训地点：某培训中心

• 具体安排：

7 月 1 日—7 月 2 日，军训。专门到某军事院校聘请教官，目的是磨炼新员工的意志，进而培养他们的团队精神。

7 月 3 日—7 月 5 日，培训课程。培训内容主要包括 MM 公司的背景、企业文化、管理制度、产品介绍、销售技巧、商务礼仪、合同管理等。采取课堂培训的方式，具体培训方法以演讲法为主，辅以多媒体培训，并结合角色扮演、案例分析等手段加强培训效果。培训教师由公司内部人员组成，包括公司内部培训专家、人力资源部人员、销售人员和销售经理等。

• 培训效果评估：

（1）人力资源部发放培训反馈表，通过培训反馈表了解新员工学到了哪些知识和技巧，有哪些方面需要改进，并对培训进行总结。

（2）要求新员工每天按时交培训总结，梳理他们当天的学习成果和心得体会，以加强培训效果。

• 相关事项：

（1）每人发运动衣一套、运动鞋一双，用于军训和每天的集体晨跑。

（2）每人发笔、笔记本一套，用于培训记录。

（3）新员工食宿均由某培训中心统一安排和管理。

（4）新员工未经许可，不得擅自离开培训中心。

2. 环节二： 现场培训（由人力资源部主要负责，车间各班组长协助）

• 培训时间：7 月 6 日—7 月 31 日

• 培训地点：MM 公司生产基地

• 具体安排：

7 月 6 日—7 月 7 日，参观学习。目的是让新员工通过到公司各部门参观，熟悉各个部门的运作，尽快进入角色。

7 月 8 日—7 月 31 日，车间实习。目的是让新员工通过实际操作，亲身感受和熟悉公司产品的生产工艺和流程。

• 培训效果评估：

（1）要求新员工每天按时交培训总结，鼓励他们在实习中主动去发现公司和个人存在的问题，对发现的问题提出自己的处理办法，并在培训总结上加以体现。以这种快节奏的方式让新员工逐渐习惯工作的压力，更快完成从“学生”到“职业人”的转变。

（2）管理层召开多次座谈会，与新员工进行交流，了解他们在培训中的问题和困惑，在解决问题的同时鼓励新员工，让他们充分感受到公司对他们的重视，也同样感受到自己信心的增长。

3. 环节三：上岗培训（由人力资源部主要负责，各销售分公司协助）

• 培训时间：8 月 1 日—9 月 31 日

• 培训地点：MM 公司各销售分公司

• 具体安排：

8 月 1 日—9 月 31 日，将 15 名销售人员分散到几个销售分公司，由有丰富经验的老销售人员任“师傅”，帮助他们熟悉具体的销售工作。

• 培训效果评估：

（1）要求新员工培训结束交一份培训总结，对他们两个月来在销售岗位上的所学所获进行整理，例如在实际的销售工作中学到了什么方法、技巧，怎么有效地将产品推销出去，怎么与客户交流和沟通等。

（2）由带新员工的“师傅”和销售分公司经理出具一份培训鉴定，对该新员工的工作表现、工作能力等进行综合评估。

思考与练习

1. 销售人员培训计划包括哪些内容？
2. 企业招聘到有丰富销售经验的销售人员还需要对他们进行培训吗？为什么？
3. 简述销售人员培训的方法。
4. 对培训效果进行评估有哪些方法？

任务 3 激励销售人员

知识目标

➢ 熟悉销售人员常见的激励方式

➢ 了解几种典型销售人员的激励方式

能力目标

➢ 能够制订销售人员的报酬制度

任务引入

王林是 MM 公司上海分公司的销售经理，由于他的努力，上海区域的销售业绩名列前茅，受到公司的表彰。现在，公司派他出任江西分公司销售经理。王林知道，江西分公司其实是一个烂摊子，因为其销售经理李如管理不善，销售业绩一直上不去，公司政策执行不到位，队伍纪律涣散，经销商也无精打采，整体销售已经下滑到华中地区的最后一名。

王林到江西分公司后，很快与前销售经理李如交接了工作。第二天，他召集了分公司所有的工作人员开座谈会，通过和销售人员的交谈，王林了解到江西分公司的销售人员普遍认为公司的待遇在同行中太低，虽然前销售经理李如向公司申请过几次提高薪资报酬，但公司一直没有批下来。由于大家的眼光都放在报酬上，对于个人的成长无暇顾及，这就直接导致江西分公司军心涣散，经常出现不能完成销售任务、销售业绩不佳的状况。

那么，王林该如何控制和激励销售成员，打造一流的销售队伍呢？

任务分析

对销售人员进行激励有很多种方式，不仅要物质激励，还要从精神层面激励他们的积极性。要对销售人员进行有效激励，首先要解决销售人员的薪资报酬问题，其次要关心销售人员的成长问题，最后还要给销售人员提供良好的发展空间。

相关知识

销售管理的一项重要内容是对销售团队成员进行激励，通过激励来改善销售人员的行为效果，调动他们的工作积极性，充分发挥其能力和潜力，将销售业绩做到最佳，提高销售团队的效率，为企业带来巨大的收益。

激励的核心是塑造员工的内在动力，使销售人员从被动接受企业命令的状态，转向自觉实现企业目标的状态。因此，管理者必须善于发现和激发员工的需要，采取有效的措施，如合理的报酬、良好的激励手段等，推动员工自觉自愿地努力工作，实现企业的发展目标。

一、常见的销售人员激励方式

在企业的经济活动中，某些企业和管理层常会对激励产生误解，以为激励就是增加销售人员的金钱收入。按照这种理解，管理者所能做的就是加大销售提成或给销售人员加工资，其结果往往是欲速则不达。其实，单纯的物质报酬对销售人员即使有激励也是短期的，何况很多时候并没有多大效果。面对销售环境的差异，销售人员层次水平的不同和主观态度的表现，企业要采取相应的激励措施，对销售人员进行长期、综合的激励，这样才能使销售人员保持高昂的斗志和良好的精神状态，充分挖掘他们的潜力，将销售业绩做到最佳。

对销售人员进行激励，可以采取物质激励、精神激励、目标激励和环境激励等激励方式。

1. 物质激励

物质激励是指给予销售人员加薪、奖金、奖品、职位晋升和额外奖励等实际利益的激励，以此来调动他们的积极性。物质激励是看得见的激励，对销售人员的激励作用也是最强的，因此常常为企业所使用。但是，企业如果长期或单纯采用物质激励的方式，会造成销售人员的短视，对销售人才的培养和企业的长远目标不利。

2. 精神激励

精神激励是指给予销售人员表扬、颁发奖状证书、授予称号等精神上的激励，以此来激励销售人员的上进心。精神激励是一种较高层次的激励，对于销售人员也不可缺少，它往往能够满足销售人员物质生活之外的诸如理想、荣誉、成就、受人尊敬等精神层面的需要。

3. 目标激励

目标激励是指为销售人员订立销售目标，以此来对销售人员进行激励。销售目标主要有销售额、销售量、回款、新客户数、销售费用等，其中最常为企业所采用的是销售额或销售量目标。需要注意的是，销售目标的设计要恰当，要既能让销售人员有向上的动力，又不能让他们感觉遥不可及，以免失去激励的效果。

4. 环境激励

环境激励是指企业创造一种良好的工作氛围，使销售人员心情愉快地工作。环境激励主要与企业对销售人员的重视程度有关，如果企业重视并关心销售人员，为他们创造良好的工作环境，销售人员的工作绩效就高，对企业也更加忠诚。反之，则会降低销售人员的绩效，导致更多的人员流失。

二、几种典型销售人员的激励方式

由于销售工作的特点和销售人员众多，往往会存在各种类型的销售人员，他们或者因种种原因业绩不佳，或者工作日久业绩停顿，或者居功自傲难以驾驭，这些均可能给销售管理带来难题和困扰。企业销售管理人员必须能够掌握各类销售人员的特点，并采取有效的激励措施和手段。

1. 问题销售人员的激励

在销售队伍中总会出现一些问题成员，他们大部分有明显的缺点或遇到较大的困难，因此，企业必须采取相应的激励方式帮助他们弥补缺点、克服困难。

（1）对恐惧退缩型成员的激励

恐惧退缩型销售人员多是因为自信心受到打击而不能做好销售工作。对此类人员的激励方法是要培养其信心，消除恐惧；肯定其长处，也指出其问题，并提供解决办法；通过陪同销售和训练，使其从容行事。

（2）对缺乏干劲型成员的激励

缺乏干劲型销售人员往往是因为企业对其缺乏有效的激励，因而工作积极性不高。对此类人员的解决办法是强化对他们的激励，如给他们加薪、晋升或其他奖励，或者是让他们的工作更具挑战性，如更换销售区域、提高销售指标等。

（3）对虎头蛇尾型成员的激励

虎头蛇尾型销售人员主要是缺乏销售计划性，或在销售计划的执行过程中缺乏有效的监督和控制，导致销售业绩不佳。对此类人员的解决办法就是帮助其制订销售计划，对其进行阶段式考核和监督，督促他们将工作做到底、做到位。

（4）对浪费时间型成员的激励

在销售活动中浪费时间，主要是指销售人员的销售计划不周密或销售技能有所欠缺，导致效率低下。对此类人员的激励办法就是参与其销售计划的制订，如订立详细的客户拜访时间和次数等，同时，对其进行时间管理方面的培训，帮助他们加强对时间的管理和控制。

（5）对强迫销售型成员的激励

强迫销售型销售人员的问题在于急功近利，导致客户的不满，从而影响销售业绩。对此类人员的解决办法是给予其多层次销售技巧的培训，同时让他们了解强迫销售的危害并予以改正。

（6）对惹事生非型成员的激励

惹事生非型销售人员往往导致销售团队不稳定，影响团队的销售业绩和团队合作。对此类人员的激励方法是以引导为主，管理并重，对于造成严重影响的人员要惩处甚至辞退，以免给企业造成更大损失。

（7）对怨愤不平型成员的激励

怨愤不平型销售人员往往是对某事某人有意见，造成心理不平衡，从而影响销售工作的开展。对此类人员的解决办法是对他们多加引导和安慰，让他们换个角度看问题，同时，检查公司制度，完善管理，尽可能从企业方面杜绝销售人员的心理失衡。

（8）对狂妄自大型成员的激励

狂妄自大型销售人员往往销售业绩优秀，因而难以管理。对此类人员的激励方法是对其加以引导并加强管理，在肯定其成绩的同时指出不足，要求他们向更优秀的员工学习。

2. 老化销售人员的激励

销售人员心态老化、业绩停顿，是销售管理中经常遇到的另一难题。防止销售人员老化是保证企业销售业绩上升的前提，因此，对于老化销售人员必须采取有针对性的激励手段。

要对老化销售人员进行激励，必须及早发现老化的迹象，才能及早进行防治。销售人员老化最常见的迹象有：业绩平平或大幅下滑，没有创新意识，计划准备不周，拜访客户次数减少，经常延误业务报表的提交，客户抱怨增加，销售人员懒散、没有热情、不修边幅等。

销售人员出现老化现象不是偶然的，主要还是企业和管理层没有注意预防，或者发现之后激励措施不到位。应该采取以下激励措施来防止销售人员的老化：

（1）要经常运用物质和精神上的奖励。

（2）对成功销售人员要肯定和表扬。

（3）对努力但不成功的销售人员要多鼓励并予以指导。

（4）让销售成绩优秀的资深销售人员担任某些销售领导职务，或给予更高的薪资报酬。

（5）不断给予销售人员有挑战性的工作，刺激他们不断努力。

（6）经常培训，在培训内容和培训教材的选择上下功夫，这样才能提高销售人员的销售知识和技巧，并鼓舞其斗志。

（7）提倡团队精神，通过团队成员互助和合作，激发销售人员的热情和动力。

（8）树立共同愿景，让销售人员了解企业的长期目标和计划，征求他们的意见和建议，激发他们与企业共同发展的决心。

（9）帮助销售人员进行职业规划，指导销售人员根据企业目标制定个人发展目标，规划其职业生涯。

（10）采用轮岗等方式。

3. 明星销售人员的激励

明星销售人员之所以获此称号，是因为他们在销售方面有突出的贡献。这类销售人员或精通销售技巧，或善于与客户打交道，这些特长帮助他们在销售中取得佳绩。明星销售人员对于企业产品的销售发挥着不可缺少的作用。但是，这类人员往往也最难驾驭，给管理造成一些困难，因此，对于明星销售人员的激励必不可少。

（1）树立形象

明星销售人员大多很注意自己的个人形象，追求在企业中的地位，希望得到他人的认可，因此，对明星销售人员的激励方法是予以各种形式的表扬和肯定。

（2）给予尊重

明星销售人员需要别人的尊重，实际上是希望自己的能力和努力得到认可，尤其是来自销售经理或主管的认可。

（3）赋予成就

明星销售人员从物质上已经获得丰厚的报酬，因此，赋予他们成就感，能让他们在精神层次上也获得满足。

（4）提出挑战

明星销售人员往往精力充沛，因此，可以给他们设立更高的销售指标，激励他们不断努力刷新销售纪录。

（5）健全制度

企业只有建立健全制度、细化管理，才能充分调动明星销售人员的积极性和创造性，促使他们不断再创销售佳绩。

（6）完善产品

产品的质量是保证销售的基本条件，也是销售人员的有力后盾，因此，企业应不断提高产品品质，以增强明星销售人员的信心。

三、销售人员的报酬制度

对销售人员进行激励，一定不能忽略将销售人员的个人利益最大化，若要做到这点，必须制订合理的销售人员报酬制度。通过工资、奖金与提成的合理搭配，实现销售人员报酬与激励的有机结合，进而在实现员工个人利益的同时实现企业的营销目标。

1. 销售人员报酬的构成

销售人员报酬是指销售人员参与销售工作从组织中得到的各种酬劳的总和。其中既包括经济性报酬，又包括非经济性报酬，如图4—3—1所示。

（1）经济性报酬

经济性报酬是企业以货币、物质或其他经济方式支付给销售人员的薪资报酬，它包括直接经济报酬和间接经济报酬。

直接经济报酬又称薪酬，是企业以货币形式支付给销售人员的劳动报酬。主要包括基本工资和以货币形式支付的奖金、佣金、津贴、补贴、红利、酬金等。其中，基本工资又称基本薪酬，除基本工资之外的奖金、佣金、津贴、补贴、红利、酬金等称为辅助薪酬。

间接经济报酬又称福利，是直接经济报酬以外的其他经济回报，包括各种保险、带薪休假、职位晋升、培训、工作餐、住房补贴、子女教育津贴等。间接薪酬可以提高员工对企业的认同感，对于加强企业凝聚力有重要的促进作用。

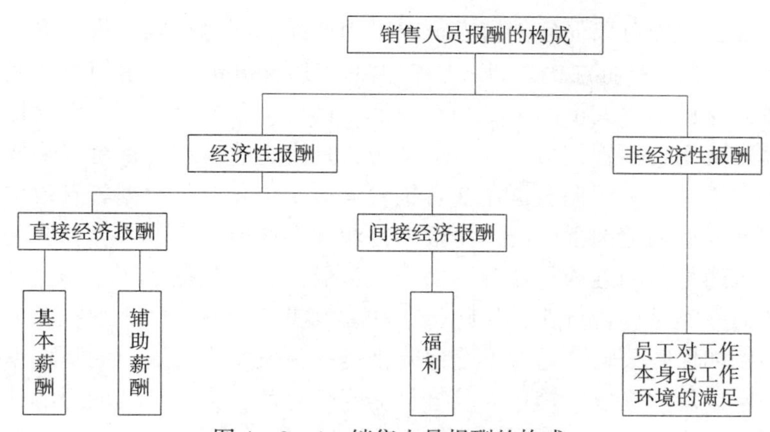

图 4—3—1　销售人员报酬的构成

（2）非经济性报酬

非经济性报酬是销售人员对销售工作本身或工作环境的满足。这往往是企业根据销售人员业绩表现给予的一种额外精神鼓励，如授予荣誉称号、颁发成就证书、赠送纪念品、出席特别会议、在企业内给予特别报道等。对于销售业绩优秀的明星销售人员而言，非经济性报酬的作用更显重大。

2. 销售人员报酬制度的类型

通常，销售人员报酬制度有以下几种类型。

（1）纯粹工资制度

纯粹工资制度是指无论销售人员销售业绩如何，都能获得固定数额的薪资报酬。这是一种固定薪酬制度，销售人员的收入就是基本工资，没有销售提成或佣金。

纯粹工资制度的适用范围：一是销售人员从事例行销售工作，例如产品的配送工作；二是销售人员推销的是比较容易销售的大众化产品；三是销售人员为客户提供咨询或技术服务；四是需要团队共同努力完成的销售工作。

纯粹工资制度的优点如下：

- 计算简单，易于操作。
- 销售人员的收入得到保证，容易产生安全感。
- 当对销售人员的销售区域进行调整时，可以减少矛盾。

纯粹工资制度的缺点如下：

- 与销售业绩无关，激励效果较差。
- “大锅饭”形式有失公平，员工容易怠工，绩效高的销售人员容易流失。

（2）纯粹佣金制度

纯粹佣金制度是将销售人员的收入完全与销售业绩挂钩，根据销售额的多少给予销售人员一定比率的提成或佣金。这是一种完全佣金制度，销售人员的收入和销售额直接关联，销售能力高、业绩好者可获得更高的报酬，对销售人员的激励作用非常显著，能够促使他们努力提高技能，推销产品。

通常在很多企业的实际操作中，纯粹佣金制度有“大包干”和“小包干”两种具体方式。“大包干”是指在销售过程中发生的所有费用都由销售人员承担，企业给予销售人员较高比率的销售提成，这样可以促使销售人员在推销产品的同时控制销售开支，大大降低企业的销售成本。“小包干”是指在销售过程中发生的费用部分由企业承担，企业给予销售人员较低比率的提成，这样销售人员的风险相对较低，销售干劲更足，可以大大提高企业产品的销售量。至于销售费用，不管是由销售人员承担还是由企业承担，都可以采取企业预支的方式，待结算时再由销售人员用佣金偿还或者销售人员拿出发票、收据等有效票据冲账报销。

纯粹佣金制度的适用范围很广泛，为很多行业和企业所采用。一类是服装行业、纺织行业、制鞋行业、医药行业和五金行业等，销售人员的任务就是推销产品、获得订单，常采用纯粹佣金制度。另一类是广告行业、保险行业和证券投资行业，由于没有有形产品，也采用纯粹佣金制度。例如保险公司，通常不给保险推销人员发基本工资，而是根据他们签订的保险单金额给予一定比例的提成，销售人员推销的保险总额越大，拿到的报酬就越多。

纯粹佣金制度的优点如下：

- 激励作用大，激励效果显著。
- 销售成本容易控制，销售费用可以降低。
- 销售人员能获得较高的报酬，能力越强，收入越多。

纯粹佣金制度的缺点如下：

- 销售人员薪资全靠佣金，收入不稳定，当遭遇销售波动时收入难以保证。
- 销售人员的任务就是推销产品、获得佣金，管理难度较大，其他非销售工作难以开展。
- 销售人员容易兼职，同时为几个公司推销产品，对本企业的销售不利。
- 当公司经营状况不佳时，销售人员容易跳槽。

（3）工资加佣金制度

工资加佣金制度是指企业发给销售人员一定的基本工资，同时再根据其销售额给予一定比率的提成。这是一种混合报酬制度，因为纯粹工资制度缺乏弹性，对销售人员激励作用不明显，而纯粹佣金制度令销售人员的收入波动较大，缺乏安全感。工资加佣金制度则避免了前两种报酬制度的不足，让销售人员既有稳定的收入，又可根据能力和销售业绩获得相应的佣金。

工资加佣金制度的适用范围也很广泛，如制造业、零售业通常都采用这种薪酬制度为销售人员发放报酬。例如美国的福特公司，其销售人员薪酬分为六个档次，对应六个级别的季度销售总额。销售人员每月的基本薪金全部按照最低档次领取，每一季度末公司根据销售业绩的多少给销售人员发放相应的基本薪金，同时按照销售人员不同的级别比例发放销售提成。

工资加佣金制度的优点如下：

- 销售人员拥有稳定的收入，可以安心为企业工作。
- 如果工资和佣金的比例设计恰当，对销售人员有较强的激励作用。

工资加佣金制度的缺点如下：

- 如果佣金太少，对销售人员的激励作用就不明显。
- 如果佣金过高，又会加大对销售人员的管理难度。

（4）工资加奖金制度

工资加奖金制度是指销售人员除了可以获得一定的基本薪酬外，还可以根据销售业绩、对企业的贡献以及企业的获利情况获得数目不等的奖金。

工资加奖金制度可以鼓励销售人员做好涉及非销售和销售管理方面的工作，这是其优点。不足之处在于销售人员容易降低对销售业绩的重视程度。

（5）工资加佣金再加奖金制度

工资加佣金再加奖金制度是一种比较理想的报酬制度，兼顾了工资、佣金、奖金的优点，工资用来稳定销售人员，而佣金及奖金的组合可以加大对销售人员的绩效回报程度，以促进其绩效的提高。

工资加佣金再加奖金制度能够发掘并留住有能力的销售人员，同时因为奖励的渠道增加，销售目标更容易达成。但是，相比前面三种报酬制度，此方式要对销售人员进行综合考核和管理，提高了管理费用。

（6）特别奖励制度

特别奖励是规定报酬之外的奖励，即额外的奖励，它可以和前面任意一种报酬制度结合使用。特别奖励制度由于使用灵活，常常能产生更有效的激励效果。但是，由于奖励标准的不确定，有时会引起销售人员的不满，增加销售管理的难度。

特别奖励可根据销售人员销售指标的完成情况、销售费用的控制情况或开拓新市场、获得新客户的数量等来决定。一般有以下三种方式：

1）全面特别奖金。全面特别奖金是指在特殊的时间，如年底、春节、中秋节或圣诞节等，企业不计盈利发给所有销售人员的奖金。

2）业绩特别奖励。业绩特别奖励是一种与销售业绩相关的奖励。通常按照奖励的对象可分为个人业绩特别奖和集体业绩特别奖两大类。

3）销售竞争奖励。销售竞争奖励是通过竞争的方式给销售人员或销售团队提供特别奖励，促使他们完成短期销售目标。奖励的具体手段有奖金、奖牌、证书、物品或旅游度假等。销售竞争最常见的手段是开展销售竞赛。

任务实施

王林经理认为，导致江西分公司现状的原因在于MM公司对销售人员缺乏有效的激励措施，同时原分公司经理管理不善，致使江西分公司销售人员工作积极性不高。因此，经过深思熟虑，王林经理决定通过以下几种方式来对销售团队成员进行激励。

一、物质激励

物质激励首先要解决销售人员的薪酬问题。MM公司的报酬在行业内属于中等水平，销售人员的收入采取的是工资加佣金再加奖金的报酬制度，即基本工资加提成工资再加绩效奖，其中绩效奖是根据整个销售团队目标的完成情况来发放的。根据公司的报酬制度和当地的销售状况，江西分公司销售人员的收入基本上都在5 500元左右，对于南昌这样的城市，其实已经很不错了。但是，为什么销售人员对薪酬仍然不满呢？王林认为，一是由于销售业绩是分公司的业绩，整体的销售压力没有压到销售人员的身上，反而是销售经理的任务很重；二是由于销售人员的基本工资较高但提成较低，报酬与销售业绩挂钩不紧密。这样，业务能力较强的销售人员总是觉得自己的业绩再高，工资也不会相应提高，索性不尽全力，完成基本任务即可，而那些能力一般的销售人员，做一天和尚撞一天钟，总是拖整个团队的后腿，这就造成了销售人员不管能力高低，都对薪酬不满的现状。

王林经理决定通过调整报酬来满足销售队伍最基本、最原始的需求。具体做法是将销售业绩分摊到每个销售人员身上，再采取基本工资较低、提成较高的薪酬策略，将薪酬与销售业绩紧密挂钩，促使销售人员摆脱懒散，提高工作积极性。调整后的薪酬制度，保证销售人员只要努力做出业绩就可以获得不比原来低的收入，但不好好干的销售人员收入则不如原来高。同时，设定了一个薪酬上限，即一般的销售人员薪酬不能超过 7 000 元，这是考虑到每一个销售人员的销售区域情况不同，不可能做到完全公平，如果业绩拉开过大，就会引起内部的不平衡。

二、精神激励

在对销售人员进行了以报酬为主的物质激励之后，销售团队基本趋于稳定，但是王林经理知道，物质激励不是长远之策，必须通过较高层次的精神激励来解决销售人员的成长问题，给予他们更多的发展空间，促使销售人员积极上进。

精神激励的第一步是对销售人员进行培训。培训的内容包括销售理念，也包括销售技巧，培训方式不仅有现场指导，还有每月的业务交流，以及有针对性的训练。通过培训，力图使销售人员学会解决问题的办法，打破其成长的瓶颈。同时，王林经理还要求各个区域主管每周向他汇报市场最新出现的问题，帮他们分析问题、寻找解决办法。这样，销售人员的能力不断得到提高，成长速度加快，销售队伍的综合竞争力得以提升。

精神激励的第二步是制定销售人员个人发展规划。销售人员个人发展规划的路径是从助理销售代表到销售代表再到高级销售代表，逐步给予销售人员更多的发展空间。不同等级的销售代表是根据业绩、表现和工作年限来划分的，等级越高，发展机会就越多，上升空间就越大。同时，高级销售代表担负着培育新销售代表的任务，让这些资深的销售人员充当教练的角色，以自己专业的销售经验成为公司内部的培训师、指导员，这也是个人职业发展的方向。

三、目标激励

为了提高整个销售团队的销售业绩，王林经理决定采用开展销售竞赛的方式来进行目标激励。他将整个江西分公司的市场分为几个销售区域，同时将提高销售业绩设定为销售竞赛目标，竞赛奖项设为先进销售区域奖、销售能手奖。在销售竞赛的实施中，区域之间开展销售竞赛，区域内开展员工与员工的竞赛，每个月评出销售业绩最好的区域，授予先进销售区域奖，每个区域评出业绩最好的销售人员，授予销售能手奖。每月的月初召开表彰大会，对优秀区域及优秀销售人员进行评选表彰，获奖的区域或销售人员在获得荣誉证书的同时还能获得奖金和流动红旗。通过 3 个月的运行，整个销售团队干劲十足，销售业绩也大幅度提升，成为华中地区成长最快的销售区域。

四、环境激励

王林经理认为，环境激励能营造良好的工作氛围，使销售人员心情愉快的工作，从而提升其销售绩效。王林经理的环境激励主要是从工作方面关心每一个销售人员，给予他们恰当的岗位，听取销售人员的心声，及时培训和辅导销售人员。同时，在生活上也尽可能的照顾销售人员，比如为非本地的单身销售人员提供住宿，并请专人给他们提供饮食等。经过环境激励，江西分公司的销售人员忠诚度大幅提升，员工流失率也相应降低。

思考与练习

1. 简述销售人员报酬制度的原则。
2. 简述销售人员的激励方式。
3. 对于明星型销售人员，企业应采取什么样的激励手段？
4. 案例分析

案例： 明辉眼镜公司在生产眼镜的时候，给每副眼镜都贴上一个二维码标签，每个二维码都是唯一的，然后，再给销售人员手机安装一个二维码识读软件。销售人员每销售一副明辉眼镜，即可用自己手机上的软件扫描一下眼镜上的二维码标签。一旦扫描成功，通过后台的数据管理，明辉眼镜公司既可以随时了解产品的销售情况，又可以记录每位销售人员的销售业绩。

对销售业绩好的人员，明辉眼镜公司将直接给予奖励，这种做法极大地刺激了销售人员的积极性，也有效地解决了销售管理、数量统计追踪等问题。

思考： 明辉眼镜公司采取的二维码销售激励措施对你有什么启示？

任务 4　考核销售人员绩效

知识目标

- 掌握绩效考评的作用和内容
- 掌握绩效考评的标准

能力目标

- 能够拟订销售人员绩效考评的内容
- 能够掌握并应用绩效考评的方法

任务引入

一直以来，MM公司对销售人员的绩效考评主要集中在总部销售管理部门，考核指标主要是销售额、销售成本和销售月报表，考评结果与销售人员的当月报酬挂钩，年末再对销售人员进行全年考评，以决定年终奖金的发放和职位的变动等。分公司经理的职责主要是带领全公司人员完成销售指标，对下属销售人员根本谈不上什么管理，更不要说绩效评估了。

现在，MM公司开始认识到原有绩效考评的种种弊端。比如销售月报表，设计这项考评指标的初衷是通过销售人员的汇报，让公司及时掌握有用的情报，因为销售人员身处一线，对市场前沿信息和动态比较了解，但是，考核人员无法对月报表内容的真实性和有效性进行鉴别，导致此项指标形同虚设，绩效考评最终只能根据销售额、销售成本等定量指标来完成。这样，一方面分公司的管理难度加大，另一方面一些有潜质的销售人员、成长性好的地区往往得不到重视，公司也因此失去获利和发展的机会。

因此，公司有意改进销售人员绩效考评制度，改变考评不到位的现象，决定将绩效考评的权力下放给各销售分公司经理，要求人力资源部在春节前拿出一套可行的考评办法。

人力资源部经理任雨珂感到责任重大，绩效考评是一项重要的工作，推行新的考评制度通常会遇到阻力。那么，任雨珂经理应该如何设计考评办法，来对销售人员进行绩效考评呢？

任务分析

要想做好绩效考评工作，仅仅以销售业绩来评价会比较片面，必须明确绩效考评的内容和标准，再选择合适的考评方法，对员工进行考评。只有做好绩效考评工作，才能调动员工的积极性，促进企业与员工的共同发展。

相关知识

绩效考评的结果直接影响销售人员薪酬调整、奖金发放和职务升降等诸多切身利益，同时对进行企业销售人员的培训开发，加强企业与销售人员共同愿景的建立，增强企业竞争力等有很重要的作用。因此，绩效考评是销售管理的一项重要内容，它必须通过系统的方法、原理来评定和测量员工在职务上的工作行为和工作效果，对员工的贡献绩效有客观公正的评价，这样才能奖优罚劣，鼓励先进。

一、销售人员绩效考评的标准

绩效标准是指企业希望销售人员达到的绩效水平。根据工作相关的原则，销售人员的绩效考评主要是对他们的工作行为和成果等与工作有关的方面进行评价，具体分为客观绩效标准（定量指标）和主观绩效标准（定性指标）两大类，即职务和职能两种标准。

1. 客观绩效标准（定量指标）

客观绩效标准是指按照销售人员的工作岗位（即职务）将指标量化，能够直接、有效地评价销售人员的销售绩效。客观绩效标准分为以下几类：

（1）销售量。通常企业考核销售人员的第一个标准就是销售量，销售量多则意味着销售人员贡献大，但是，单纯考核销售量显然没有考虑其他因素的影响。

（2）销售利润。相比较而言，销售利润是评价销售人员工作效率的一个更好的标准，从这个指标可以看出销售人员销售高利润产品的能力。

（3）销售成本。销售成本即销售人员在销售中所花的费用，如销售人员的差旅费用、其他业务费用、奖酬等。

（4）资金回笼率。销售人员的工作不仅是将产品销售出去，也有责任将货款收回，否则会形成呆账、死账，让企业受到损失。

（5）订单的数量和订单的平均规模。有的销售人员订单数量多，但每张订单金额小，通过订单的数量和订单的平均规模这两个指标，更能了解销售人员的客户销售效率。

（6）平均每天拜访客户的次数，即日访问率。对于销售人员来说，只有拜访客户，才有可能将产品推销出去，而日访问率高，说明产品卖的较好，销售人员的业绩也会较好。

（7）平均访问成功率。平均访问成功率即收到的订单数与访问次数的比率。用这个指标与订单的数量和订单的平均规模、日访问率结合分析，可以看出销售人员销售技能和销售积极性的高低。

（8）路线效率。路线效率即出差里程与访问次数的比率，这个指标可以衡量销售人员出差的效率。销售人员应分析自己客户所处的位置，提前规划好访问路线，以减少不必要的时间浪费，提高访问效率。

2. 主观绩效标准（定性指标）

在销售人员的绩效考评中，其工作能力（即职能）是无法用定量的指标来进行考核的，因此，在客观定量的绩效标准基础上，还必须建立主观定性的绩效标准，方能对销售人员进行全面的考核评价。需要注意的是，按照主观标准评价销售人员时，考评者是最关键的角色，要尽可能将考评者的主观影响和个人偏见减小到最低程度。

主观绩效标准通常包括以下几个方面：

（1）销售技巧。销售技巧包括产品知识、沟通技巧、倾听技巧、谈判技巧、公关技巧、处理客户投诉的能力等。

（2）销售区域管理。销售区域管理包括销售计划、销售记录、客户服务、市场情报与客户信息的收集和整理等。

（3）个人特点。个人特点包括工作态度、人际关系、团队精神、自我学习和提高等。

二、销售人员绩效考评的内容

根据销售人员的绩效考评标准有客观和主观两种，相应的销售人员绩效考评的内容也包括客观考评和主观考评两个方面。

1. 客观考评

客观考评即定量考评，即以销售人员的职务标准为尺度进行考评，它与工作岗位直接相关。客观考评使用的指标一般有产出指标、投入指标和比率指标三类。

（1）产出指标。企业常常用销售量、销售利润、资金回笼情况、新市场开拓情况、订单情况等产出指标对销售人员进行绩效考评。

（2）投入指标。销售成本、客户访问、客户活动、时间管理、非销售费用等是考评销售人员绩效最常用的投入指标。

（3）比率指标。无论是产出指标，还是投入指标，大多数可以联合构成比率指标，更科学合理地考评销售人员，如销售利润率、资金回笼率、新市场开拓率、销售成本率、日访问率、平均访问成功率等。

2. 主观考评

主观考评即定性考评，即以销售人员的职能标准为尺度进行考评，它与销售人员的能力直接相关。职务是指工作职责和任务，对应“工作”，职能是指承担职务所需的能力，对应“能力”。工作有难易，能力有大小，职务和职能标准是不可分割的。对企业来说，要使员工的职务和职能匹配，才能获得较高的效率和效益，因此，要将职务标准和职能标准相结合来进行考评。

主观考评一般是对销售人员的销售技巧、销售区域管理及个人特点等进行考核评价。

三、销售人员绩效考评的方法

根据考评内容的不同，考评方法也可以采用多种形式。采用多种形式进行考评，可以有效减少考评误差，提高考评的准确度。常用的考评方法主要有以下几种。

1. 横向比较法

这种考评方法是把各个销售人员的销售业绩进行比较和排序，并据此得出综合绩效。需要注意的是，不仅要将销售人员完成的销售额进行对比，还应在销售人员的销售成本、销售利润、资金回笼情况、订单规模以及客户对其服务的满意程度等多项指标中选取一些作为考评因素。

下面假定以月销售额、订单规模和每月平均访问次数三个因素来分别对销售人员甲、乙、丙三人进行月度绩效考评，见表 4—4—1。

表 4—4—1　　销售人员绩效考评表

考评因素＼销售人员		甲	乙	丙
月销售额	权重	5	5	5
	目标(万元)	60	40	50
	实际完成情况(万元)	54	32	48
	完成率	90%	80%	96%
	绩效水平(权数×完成率)	4. 5	4. 0	4. 8
订单规模	权重	3	3	3
	目标(万元)	10	20	30
	实际完成情况(万元)	8	18	25. 5
	完成率	80%	90%	85%
	绩效水平(权数×完成率)	2. 4	2. 7	2. 55
每月平均访问次数	权重	2	2	2
	目标(次)	60	40	50
	实际完成情况(次)	48	34	45
	完成率	80%	85%	90%
	绩效水平(权数×完成率)	1. 6	1. 7	1. 8
绩效合计		8. 5	8. 4	9. 15
综合绩效(绩效合计/权数)		85%	84%	91. 5%

由于月销售额是最主要的因素，所以将其权重定为 5，订单规模和每月平均访问次

数的权重分别定为3和2。用这三个绩效考评因素分别建立目标（销售人员定额），由于存在地区差异，所以每个考评因素对不同地区的销售人员建立的目标是不一样的。如销售人员甲所在区域较成熟，产品比较好销，将其月销售额定为60万元，高于销售人员乙和丙的40万元、50万元；而销售人员乙所在地区有大批量的客户，所以其月订单平均批量比销售人员甲和丙都要高。通过横向比较法可以得出销售人员丙的综合绩效最高的结论。

2. 纵向分析法

这是将同一销售人员现在和过去的工作业绩进行比较的绩效考评方法，考评指标包括销售额、毛利、销售成本、新增客户数、流失客户数、平均每个客户销售额、平均每个客户销售利润等。

如表4—4—2所示为利用纵向分析法，通过多个因素对销售人员M进行绩效考评。销售经理可以从表中了解到销售人员的诸多情况。

表4—4—2　　销售人员M的绩效考评表

年份 考评因素	2014	2015	2016
销售总额(万元)	300	325	379
产品A的销售额(万元)	120	125	180
产品B的销售额(万元)	180	200	199
产品A的定额完成率	95%	91%	87.5%
产品B的定额完成率	109%	123.5%	128.6%
毛利总额(万元)	45	51	83
产品A的毛利(万元)	28	31	40
产品B的毛利(万元)	17	20	43
销售费用(万元)	6.75	6.97	7.02
销售费用率	1.515%	1.67%	1.43%
销售访问次数	500	610	580
每次访问成本(万元)	150	165	171.5
平均客户数	48	51	55
新客户数	7	9	12
失去客户数	5	7	10
每个客户平均购买额(万元)	62	63	70.5
每个客户平均毛利(万元)	8.3	8.48	9.64

从表4—4—2可以看出，虽然销售人员M的总销售量每年都在增长，但并不一定说明其销售工作有多出色。对不同产品的分析表明，销售产品B的销售量大于产品A，对照产品A和产品B的销售定额完成率，可以看出M是以减少产品A的销售为代价来换取产品B的

销售业绩。根据毛利率还可以看出，销售产品 A 的平均利率要高于产品 B，M 可能以牺牲毛利率较高的 A 产品为代价来取得毛利率较低的 B 产品销售量的大幅上升。

在销售费用方面，虽然得到一定控制但还是有所增长，销售费用上升的趋势无法通过访问次数的增加来说明，这可能与取得新客户所花费的成本有关，但是，M 在开拓新客户时忽略了某些老客户，造成客户失去数逐年上升。

最后，每个客户平均购买额和平均毛利要与整个企业的数据进行对比，如果 M 的这些数据低于企业平均数据，可能是其所在销售区域的地区差异性，也可能是其对客户的访问时间不够，这可用 M 的销售访问次数与企业的数据对比来得知。

3. 目标管理法

目标管理法是根据职责确定一定时期内组织的总目标，由此决定上下级的责任和分目标，并把这些目标作为经营、评估和奖励每个单位和个人贡献的标准。目标管理法是一种以结果为基础的考评方法。

销售人员目标管理的典型步骤如下：

（1）建立一套完整的目标体系

这项工作从企业的最高主管部门开始，然后由上而下逐级确定目标，最后落实到销售人员身上。

（2）组织实施

目标既定，销售经理就应放手把权力交给销售人员，完成目标主要靠销售人员的自我控制，销售经理的管理主要体现在指导、协助、提出问题、提供情报以及创造良好的工作环境方面。

（3）检查和评价

事先规定完成目标的期限，定期进行检查。对于最终结果，应当根据目标进行评价，并根据评价结果进行奖惩。

（4）确定新的目标，重新开始循环

为保证目标管理的成功，应做到确定目标的程序必须严格，目标管理应当与部门的年度和月度计划、工资等财务性指标相结合，部门每月费用和每月预算的差距不得大于 10%，同时对非财务性指标也要严格考核。

4. 关键业绩指标法

关键业绩指标法是通过分析对销售人员的工作要求，抓住其中的关键业务环节，选择几项主要的工作进行考核。关键业绩指标法可以让销售人员将主要精力放在推动企业营销策略有效实施的核心环节，使绩效考核更富有针对性。

在关键业绩指标法中，确定关键绩效指标十分重要，销售人员关键业绩指标法常用指标如下：

（1）客户满意度，如客户满意度提高率或客户投诉量。

（2）平均销售订单数额，如平均销售订单额或销售订单增长率。

（3）货款回收，如货款回收额或货款回收目标完成率。

（4）销售费用，如直接销售费用率或直接销售费用降低率。

(5) 其他指标，如市场分析、团队合作、客户关系等。

关键绩效指标与一般绩效指标相比，能够把个人和部门的目标与企业整体的成败联系起来，更具有长远的战略意义。对于销售人员而言，关键绩效指标体系使得销售人员按照绩效的测量和奖励标准去工作，真正发挥绩效考核指标的牵引和导向作用。

5. 360 度考核法

360 度考核法也称全视角考核法，是由直接上级、其他部门上级、下级、同事和客户对销售人员进行多层次、多维度的评价，综合不同评价者的意见，得出一个全面、公正的评价结果。这种方法打破了传统考核方法的局限性，将对销售人员的考评从一个角度转变为多个角度，具有非常重要的意义。

如图 4—4—1 所示为 360 度考核体系，除了传统的直接上级评价，还包括其他上级评价、下级评价、自评、同事评价和客户评价。

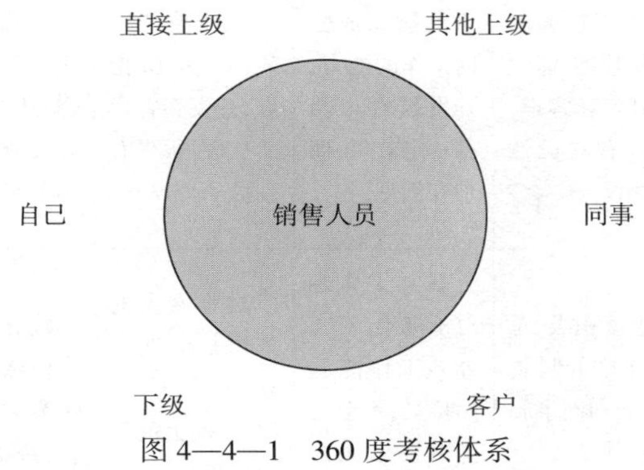

图 4—4—1　360 度考核体系

360 度考核体系的特点如下：

(1) 企业销售工作越来越多地由团队而不是个人完成，个体要更多服从领导小组的管理，而不是单个领导的管理。这样，员工的工作表现就不应只由直接上级来评价，凡是了解销售人员工作表现的领导都可以参与绩效考核。

(2) 360 度考核可以使销售人员给管理者施加一定压力，而不是完全处于被动中。

(3) 360 度考核更为全面、客观地反映了销售人员的贡献、长处和发展的需要。

(4) 采用 360 度考核体系可以表明企业对销售人员的考核非常重视。

实施 360 度考核的注意事项如下：

(1) 上级担心员工利用 360 度考核体系发泄对其不满，而下级则担心如实反映情况会遭到打击报复。因此，360 度考核体系最为关键的是建立考核者和被考核者之间的信任，而且要做好考核结果的保密工作。

(2) 为了保证考核的全面性，最少需要 4~5 名考核者。

(3) 上级、下级、同事和客户对销售人员的各个方面不可能有同样准确的观察，所以不同评价者的表格是不一样的，而且综合评价结果时要注意以事实为依据。

6. 尺度考评法

这是将考评的各个项目都配以考评尺度，制作出一份考核比例表加以考评的方法。在考核表中，可以将每项考评因素划分出不同的等级考核标准，然后根据每个销售人员的表现和客观依据评分，并对不同的考评因素按其重要程度赋予不同的权重，最后计算出总的得分（见表4—4—3）。

表4—4—3　　销售人员业绩考评表

等级 项目	甲 （90分以上）	乙 （80~89分）	丙 （70~79分）	丁 （60~69分）	戊 （59分以下）	记分	权重 （%）	评分
工作业绩	超额完成工作任务，贡献比别人多得多，工作表现无懈可击	工作成绩超过一般要求所能达到的水平	工作成果符合要求，基本能如期完成	工作成果大致符合要求，有时还需别人帮助	一般不能完成所要求的工作任务			
工作能力	具有超高的工作技能，开发新客户能力强，经常有创造性的建议和想法	具有较强的工作技能，能主动开发新客户，时常有建设性的建议	具有完成分内工作的能力，开发新客户会有一定效果，偶尔有创见	工作技能一般，需多加指点，开发新客户需支援，很少有创见	工作技能不能应付日常工作，几乎无可能开发新客户，谈不上有创造力			
工作态度	积极性很高，责任感强，能与同事同舟共济，协调性好	态度积极，总能自觉负起责任，能和同事和谐相处	日常工作绝对不拖延，对交办的工作能欣然接受，不会与同事发生无意义的摩擦	对难度大的工作积极性不高，责任感一般，表面上能与同事相处	缺乏积极性，责任感不强，工作需要不断监督，协调能力差			
合计得分								

四、销售人员绩效考评的作用

销售人员绩效考评的作用主要表现在四个方面。

1. 确定销售人员的薪资报酬

企业在进行薪酬分配时应遵循公平与效率两大原则，因而必然要对每一个销售人员的工作成果进行评定和计量，按劳付酬。绩效考评的结果是决定销售人员报酬的重要依据，在进行薪资分配和调整时要考虑销售人员的绩效表现。合理的薪资报酬不仅是对销售人员工作成果的公正认可，而且可以产生激励作用，在企业内部形成进取与公平的氛围。

2. 决定销售人员的升降调配

销售工作要求特定的知识和技能，而每一个员工都有自己的优点和不足，企业用人则要扬长避短。通过绩效考评，了解员工的工作信息，如工作成果、工作态度、知识和技能的运用程度等。根据这些信息，可以对销售人员进行晋升、降职、轮换、调动等人力资源管理工作。如某销售人员业绩不佳，可能是他的素质和能力与销售工作不匹配，为了扬长避短，企业可以将其调动到其他合适的岗位。

3. 进行销售人员的培训开发

企业要发展，人才是关键。而通过培训开发，能使人力资源增值，使企业在竞争中增加重要的筹码。培训开发必须有的放矢，才能收到事半功倍的效果。通过绩效考评，企业可以掌握销售人员在素质、技能和知识等方面的不足，使培训工作更有针对性，更加深入。

4. 加强企业与销售人员共同愿景的建立

绩效考评是企业管理者与员工之间的一项管理沟通活动，要求上下级之间对于考评指标、考评方式和考评结果充分沟通。因此，绩效考评有助于组织成员之间信息的传递和感情的融合，促进员工相互之间的了解和协作，有助于使销售人员的个人目标和企业目标达到一致，建立共同愿景，增强企业竞争力。

任务实施

通过深入考虑，在人力资源部全体员工的群策群力下，任雨珂经理提出了以下销售人员绩效考评方案。

一、选择销售人员绩效考评的方法

MM公司原来对销售人员进行绩效考评采取的是横向比较法，这种方法操作简单，但在绩效考核标准的选取上只选用了销售额、销售成本、月报表三个指标，不能有效地对销售人员进行考评。新的绩效考评方案中，考评方法还是采用横向比较法，原因不仅是因为此方法简单易操作，主要还是因为MM公司一直采用这种方法，符合公司的传统和公司领导的思维。但是，在绩效考核指标上要有所变化，应更加关注过程指标和结果指标，以使销售经理加强管理，提高整个销售分公司的绩效。

二、确定销售人员绩效考评的标准和内容

选取销售额、资金回笼额、订单平均规模、销售经理评分、分公司月平均销售额五个方面来考核销售人员，其权重数根据重要程度分别定为4、3、1、1、1。其中，销售经理评分由销售人员所在分公司销售经理给销售人员打分，打分的依据一方面是销售人员的出勤和日常表现，另一方面是月报表。销售人员每个月将月报表报给销售经理，销售经理再将月报表汇总上报公司，汇总的同时进行审核，剔除虚假信息。销售分公司都有年度销售指标，将其平均分解到每个月即为分公司月平均销售额，这项考评指标将销售人员和整个销售团队紧密联系起来，使销售人员在提高自身业绩的同时提升整个团队的绩效。

三、实施销售人员业绩考核

根据销售额、资金回笼额、订单平均规模、销售经理评分、分公司月平均销售额五个指

标给出了MM公司销售人员的绩效考评表（见表4—4—4），按绩效考评方案对销售人员进行综合考核。

表4—4—4　　　　MM公司销售人员绩效考评表

考评因素 \ 销售人员		甲	乙	丙	丁
月销售额	权数	4	4	4	4
	目标(万元)				
	实际完成情况(万元)				
	完成率				
	绩效水平(权数×完成率)				
资金回笼额	权数	3	3	3	3
	目标(万元)				
	实际完成情况(万元)				
	完成率				
	绩效水平(权数×完成率)				
订单平均规模	权数	1	1	1	1
	目标(万元)				
	实际完成情况(万元)				
	完成率				
	绩效水平(权数×完成率)				
销售经理评分	权数	1	1	1	1
	目标(分)				
	实际完成情况(分)				
	完成率				
	绩效水平(权数×完成率)				
分公司月平均销售额	权数	1	1	1	1
	目标(万元)				
	实际完成情况(万元)				
	完成率				
	绩效水平(权数×完成率)				
绩效合计					
综合绩效(绩效合计/权数)					

四、绩效考评的实施及效果

人力资源部将新的考评方案对销售人员及相关职能部门进行了讲解，同时，对销售经理进行培训，让销售经理学会按照标准实事求是地给销售人员打分。将考核结果进行反馈，并按公司制度实施奖励。

新的考评方案执行半年后，公司的销售业绩有所上升，月报表信息的真实性和有效性也大幅上升，为公司决策提供了不少帮助，销售经理也反映销售人员好管了，销售团队的凝聚力上升了，销售人员在做好自身业绩的同时更关注分公司发展，销售团队业绩得以提高。

思考与练习

1. 简述销售人员绩效考评的作用和原则。
2. 简述销售人员绩效考评的标准。
3. 常用的销售人员绩效考评方法有哪几种？

模块五　销售区域与分销渠道管理

任务 1　销售区域设计

知识目标

- 掌握划分销售区域的因素
- 了解划分销售区域的意义
- 掌握划分销售区域的过程

能力目标

- 能够对经销商销售区域进行划分

任务引入

W 公司是南方一家食品饮料企业，吴明是该公司刚刚走马上任的江苏地区市场销售经理。他接手时，江苏市场的月销售额将近 5 千万元，主要由两家经销商掌控。吴明在走访市场一段时间后，感觉市场问题比较严重，主要表现为：每次企业的促销政策下达总是达不到预期的效果，二批商和终端都不积极进货；促销政策下达容易，停止却非常困难，最终导致经销商出货价格一低再低，甚至有赔钱销售的情况，二批商在价格动荡的情况下也只能平价销售。这些问题的直接原因是两家经销商互相抢客户、互相砸价。于是，出现了经销商和二批商一听说厂家有促销反而怨声载道的情形，导致企业的促销根本达不到预期的效果。但是，由于资金和运力影响，只选择其中一家经销商又无法完成当年任务。

因此，吴明不得不考虑为两家经销商划分销售区域。

任务分析

吴明想要制止出现在江苏市场上的混战局面，首先要为该市场划分合理的销售区域。作为销售经理，合理划分销售区域，必须根据影响销售区域划分的因素，按照销售区域划分的原则，并运用销售区域划分方法和程序进行。

相关知识

销售区域也称区域市场或销售辖区，是指在一定时期内分配给销售人员、销售部门、经销商、分销商的一组现实的和潜在的客户。销售区域指的是“客户群”，由一些有支付能力并乐意支付的消费者组成，销售区域可以以地理区域进行划分，但是如果企业是向不同的行业销售不同的产品，则最好依据行业的类别来进行划分。也可以将两者结合起来划分，更有利于销售人员全力投入，提高效率并降低销售费用。

一、影响销售区域划分的因素

1. 产品销售渠道特性

如果产品比较单一，那么划分销售区域时一般以地理区域进行划分。如果产品种类较多或涉及行业较广，那么可以按产品种类和行业划分销售区域。

2. 销售区域目标

销售区域的目标是根据企业的目标制定的，制定销售区域所要达成的目标必须明确，并尽量数字化。

3. 销售区域边界

销售区域划分必须有明确的边界，明确的销售区域边界可以避免重复工作及业务摩擦。

4. 销售区域市场潜力

销售区域市场潜力也就是区域的销售机会，只有充分了解市场潜力在哪里、有多大，才能进行有效的利用，使市场潜力变成销售需求，实现销售收入。

5. 是否有与相应销售区域相匹配的销售人员和销售能力

划分销售区域时必须考虑销售区域的市场涵盖，要明确与客户的联系方式、与每位客户联系的频率等，根据这些因素来匹配相应数量和相应能力的销售人员。

二、设计销售区域的原则

销售区域设计的理想目标是使所有区域的销售潜力和销售人员的工作负荷都相等，不过这只是一种理想的状态，在现实中很难达到。但这并不意味着销售区域的设计就没有原则可循了。在实践中，销售区域的设计应遵循以下四项原则。

1. 公平性原则

销售区域设计的首要原则是公平合理、机会均等。这一原则主要体现在所有销售区域应具有大致相同的市场潜力和所有销售区域的工作量应大致相等两个方面。只有当市场潜力相同时，不同区域的销售人员业绩才有可比性；所有区域的工作量大致相等则可避免苦乐不均，减少区域优劣之争，提高销售队伍的士气。

2. 可行性原则

销售区域设计的可行性原则要求：第一，销售区域市场要有一定的潜力，销售经理一定要了解市场潜力在哪里、有多大，以及如何利用才能使市场潜力变成销售需求，实现销售收入；第二，销售区域的市场涵盖率要高，销售经理一定要明确与客户联系的方式，并与企业的每一位潜在客户保持联系；第三，销售区域的目标应具有可行性，销售人员通过努力可以在一定时间内实现该目标。

3. 挑战性原则

销售区域的设置要具有挑战性，使销售人员有足够的工作量，同时保证每个销售区域有足够的销售潜力，以使销售人员通过努力工作能取得合理的收入。

4. 具体化原则

销售区域的目标应尽量数字化，做到明确且容易理解。销售经理一定要让销售人员确切地知道自己要达到的目标，并且尽量把每个销售人员的目标数字化。

三、划分销售区域的程序

企业的生存环境是经常变化的，必须根据环境的变化而不断地调整销售区域。划分销售区域的程序如图 5—1—1 所示。

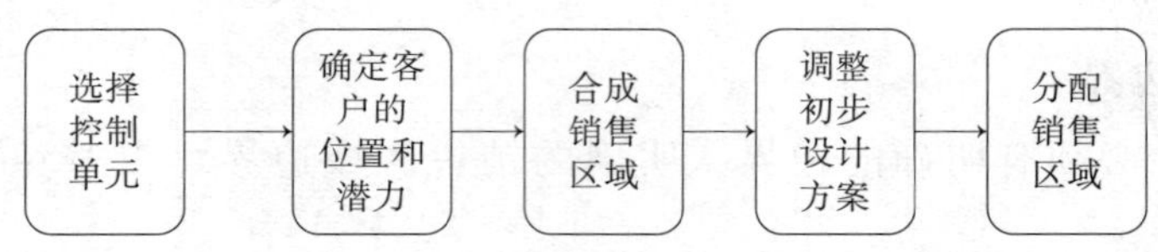

图 5—1—1　划分销售区域的程序

1. 选择控制单元

区域设计的第一步是选择控制单元。首先将整个目标市场（如整个国内市场）划分为若干个控制单元。一般可以选择省、市、区、县等行政区域或邮政编码区域作为控制单元。其次，控制单元应该尽量小一点，主要有两个原因：第一，小单元有助于管理层更好地认识区域的销售潜力；第二，小单元便于管理层进行区域调整。但是，控制单元也不能太小，否则会增加工作量。

划分控制单元的目的是按照一定标准将它们组合成销售区域。划分控制单元时常用的两个标准是现有客户数和潜在客户数。利用现有客户数可以很好地估计目前的工作量，而潜在客户数则只能是预测值。由于实际销售额不能很好地反映工作量及市场潜力，所以一般不用做划分标准。此外，地理面积、工作量等也可以作为划分标准。企业还可以根据本企业实际情况设计划分控制单元的标准。

2. 确定客户的位置和潜力

选择好控制单元后，管理层就应该在所选的控制单元中确定现有客户和潜在客户的分布和潜力。现有客户的识别可以通过以往的销售记录来获得，而潜在客户的识别可以通过外部渠道来实现，如国家机关或有关机构，杂志、报纸、电视等媒体，分类电话簿，信用评级机构等。

识别了客户后，管理层应该评估企业期望从每个客户那里获得的潜在业务量，然后，按照可获得潜在利润的大小对客户进行分类，这为确定基本区域提供了很好的依据。

3. 合成销售区域

销售区域设计的第三步是将邻近的控制单元组合成销售区域。在这一过程中，设计者必须牢记划分标准。如果以客户数量为标准，在将邻近的控制单元组合到该区域中时，一定要考虑各区域之间客户数量的平衡。如果以工作量为标准，销售区域的设计必须考虑该区域销售人员（或经销商）的工作量，这里的工作量是指为了涵盖整个市场，销售人员必须做的所有工作。

（1）决定销售人员工作量的主要问题

- 在区域内有多少客户需要访问。
- 平均访问多少个客户，才可以接到一笔订单。
- 为涵盖整个区域，一个月或一年内销售访问的总次数。
- 一个月或一年内，需要的销售访问时间。
- 一个月或一年内，需要的交通旅行时间。
- 对每个客户访问的有效次数是多少。
- 适当的访问间隔有多长。
- 每天花在非销售活动上的时间。
- 花在等待客户上的时间。

（2）决定每个销售人员工作量必须考虑的因素

- 销售工作的性质：销售工作的性质影响销售人员销售访问的形式。
- 产品特性：不同的产品，销售访问形式不同。
- 市场开拓阶段：市场开拓初期，可设计较大的销售区域，以保证足够的销售潜力。
- 市场涵盖的强度：有大量分销商的企业，要求较小的销售区域，以提高市场占有率。
- 竞争性：如果一家企业决定与另一家企业竞争，一般都采取减小销售区域的策略，同时增加销售人员的访问频率和对每个客户的访问时间。另外，如果竞争加强，企业可采取有选择的竞争，销售人员只访问某几个关键客户。
- 其他：销售区域的设计，还要考虑企业的情况，如生产线、产品种类及数量等。

（3）确定工作量的方法

首先使用 ABC 分类法将客户分类，然后使用工作量法计算出该区域的工作量，从而确定销售人员的数量，详见模块三任务 2。

4. 调整初步设计方案

依照划分标准将每一个控制单元都组合到相应销售区域之后，就完成了销售区域的初步设计。在初步设计完成后，各个销售区域依据某一划分标准已经达到平衡。但一般而言，这种基于一个标准的平衡不够理想，需要在兼顾其他标准的基础上进一步调整，使之符合更高要求。比如，初步设计的销售区域具有大致相等的客户数，可是各销售区域的面积却相差很大，销售经理希望各区域在客户数基本相等的同时，面积也大致相当，以平衡各区域的工作量。为此，可以将客户规模最大的销售区域中一个地广人稀、客户较少的控制单元，重新划分给一个地理面积较小的区域，以达到新的平衡。如果面积大的区域正好与面积小的区域相邻，而且符合条件的客户正好处于两区域的交界处，新的平衡就很容易实现。否则，就可能要同时调整好几个区域才能完成。

5. 分配销售区域

销售区域划分的最后一步就是设计销售队伍的规模，将销售人员分配到特定的销售区域中去。分配销售区域不仅要明确销售队伍的目标，而且要明确销售人员除了完成或超额完成销售定额外，还要完成寻找客户、传播信息、提供服务、收集信息、分配产品等任务。

任务实施

一、选择控制单元

吴明以江苏省主要城市南京、无锡、常州、扬州、镇江、苏州、连云港、徐州、南通为中心，把江苏省划分为九个控制单元，因为该公司的这两家经销商的主要销售区域在这九个城市及其周边地区。

二、确定客户的位置和潜力

选择了上述九个城市作为控制单元后，下一步就是确定在这九个控制单元中客户的地理位置分布和市场潜力。

根据以往的销售记录，很容易识别现有的客户情况。而潜在客户的识别则可以通过外部渠道来实现，如该地区的经济发展状况、潜在市场的趋势、潜在客户的分布等，这些信息可以从媒体、电话簿、信用评级机构等处获得。

经过对以往的销售记录进行分析，W 公司的饮料产品在连云港、徐州、南通三个城市，由于价格、销售政策、经销商的优势，以及避开了同类知名品牌的竞争，销售记录反而略高于消费能力较强的无锡、常州、苏州三个城市，因此，应该有一定的潜在市场。南京市场的以往销售业绩不算很好，主要由于南京市场竞争较激烈和经销商投入不够，但南京市场周边广阔，容量较大，也有较大市场潜力。镇江和扬州市场以往业绩一般，但有投入不够和市场混乱的原因，如果加以改善，仍然可以有较大的空间可以提升业绩。

三、合成销售区域

根据客户的位置和潜力，按照销售区域划分原则，分析销售人员的工作量。初步设计将南京、扬州、连云港、徐州、南通合成一个区域市场，将无锡、常州、镇江、苏州合成为另一个区域市场。接下来要分析两个区域市场的工作量，从而判断在该市场的工作量是否相当。

1. 南京、扬州、连云港、徐州、南通区域市场的工作量

使用 ABC 分析法计算出该区域的工作量，见表 5—1—1。

一个销售人员一个月可用工作时间为 8×5×4＝160 小时。

时间分配：销售时间为 160×45%＝72 小时/月；交通时间为 160×35%＝56 小时/月；

表 5—1—1　　确定南京、扬州、连云港、徐州、南通区域市场工作量

客户类型	数量	访问频率（次/月）	每次访问时间（小时）	每个客户总计访问时间（小时）	总工作量（小时）
大型客户（A）	25	8	1	8	25×8＝200
中型客户（B）	35	4	0.5	2	35×2＝70
小型客户（C）	150	2	0.3	0.6	150×0.6＝90
总计	210				360

非销售时间为 160×20%＝32 小时/月。

销售人员数量：360 小时÷72 小时＝5 名。

经销商 A 公司有销售人员 7 名，足够覆盖该区域市场。

2. 无锡、常州、镇江、苏州区域市场的工作量

使用 ABC 分析法计算出该区域的工作量，见表 5—1—2。

表 5—1—2　　确定无锡、常州、镇江、苏州区域市场工作量

客户	数量	访问频率（次/月）	每次访问时间（小时）	每个客户总计访问时间（小时）	总工作量（小时）
大型客户（A）	20	8	1	8	20×8＝160
中型客户（B）	25	4	0.5	2	25×2＝50
小型客户（C）	130	2	0.3	0.6	130×0.6＝78
总计	175				288

销售人员数量：288 小时÷72 小时＝4 名。

经销商 B 公司有销售人员 5 名，足够覆盖该区域市场。

四、调整初步设计方案

总经销商 A 公司总部位于扬州，原有客户主要分布在南京、扬州、连云港、徐州和南通等地，也有少量客户分布在无锡、苏州、镇江等地。总经销商 B 位于苏州，在苏州、无锡、镇江、常州市场较有优势，在南京和苏北市场也有少量客户。由于先前没有明确的区域划分，两家经销商经常在某个区域上交锋，造成不必要的损耗。因此，根据其原有优势，在工作量分析的基础上，进行适当调整，W 公司在江苏市场为其重新划分了区域，将两个区域分别分配给两家经销商，确定了基本的销售区域。

五、分配销售区域

W 公司按确定的销售区域，结合各区域的工作量，安排销售人员到特定的销售区域中去。W 公司不仅明确了销售人员的任务，而且还制定了市场运作规则和奖惩制度，增派业务人员加强对市场的巡查监督，并对经销商的执行情况进行及时的跟踪管理。一段

时间后，W 公司在江苏市场的销售政策达到了预期的效果，因为在避免了内耗后，两家经销商把更多精力放在自己的销售区域里，所以，两家经销商的销售额得到了大幅度增长。

思考与练习

1. 影响销售区域划分的主要因素是什么？
2. 划分销售区域有什么意义？
3. 进行销售区域划分的主要过程有几步？

任务 2　销售区域管理

知识目标

- 掌握销售区域战略开发的流程
- 掌握销售区域战略开发的技巧

能力目标

- 能够合理确定企业产品的目标销售区域
- 能够制定企业产品在目标销售区域的市场开拓战略
- 能够对产品的区域市场采取必要的维护和巩固措施

任务引入

W 公司为了在市场的残酷整合中占有优势地位，制定了尽快提升公司在行业中的排名、成为全国性品牌的总体战略。食品行业相对是一个低附加值的行业，异地租厂或建厂是企业扩大规模并成为全国性品牌的最佳选择。W 公司为了顺应这一趋势，也在全国进行了销售区域的设计，并建立和租赁了几个分公司，但是，分公司的运作并不理想，企业的经营出现了瓶颈，企业的总体战略实施起来困难重重。问题主要存在以下几个方面：

1. 总部权力过于集中统一，而分公司经营自主权小，导致分公司经营积极性差，没有设置必要的部门，即使设置了部门，权力也受到较大限制，例如财务部门的职能还只是停留在记账水平。

2. 分公司的经营没有贴近市场，当市场机会出现时，常在与总部的沟通和请示过程中丧失良机，导致工作效率低下。

3. 区域规划，甚至分公司所辖区域的规划，基本上由总部统一做出，难以贴近区域实际。

4. 没有区域化的产品和策略，产品开发还处于闭门造车或跟进的被动局面，产品政策基本上还是靠企划部门制定和实施。

5. 分公司用人自主权小，人才选用的观念还不开放，分公司用人都由总部指派，而且业务人员也基本上是由总部集中统一招聘，然后分派到全国市场。

那么，W 公司该如何进行销售区域的管理，以突破经营瓶颈呢？

任务分析

销售区域的管理是指为实现企业整体销售目标、把握市场机会和实现商品交换而进行的一系列管理活动过程。一旦销售区域的设计完成后，企业应着手开展销售区域管理。销售区域管理是企业销售战略得以实施的关键因素，是企业销售管理的重要内容。W 公司要突破经营出现的瓶颈，必须做好三项工作，一是销售区域战略管理，二是销售区域时间管理，三是区域市场的维护与巩固。

相关知识

一、销售区域的战略管理

1. 制定销售区域战略开发的流程

在某个销售区域内，制定战略方案主要包括如图 5—2—1 所示的一系列环节。

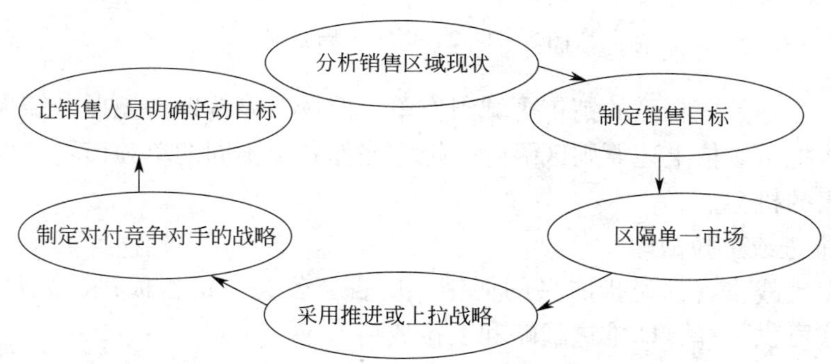

图 5—2—1　销售区域战略开发流程

（1）分析销售区域现状

销售区域现状分析是非常重要的营销活动，也是开发销售区域迈出的第一步，在做任何决策前，都必须把握销售区域的现状。

首先，要了解的是本企业在这个地区内的优势和劣势，所面临的机遇和挑战，以及与竞争对手的关系。也就是说，必须先认识清楚市场的占有模式，到底属于分散型还是垄断型。其次，确定本企业到底是强者还是弱者，因为两种情况下的战略方法截然不同。再次，要根据本企业的资料做销售分析，对产品销售额、产品别毛利、客户别销售金额及毛利等都应了如指掌。最后，对信用有问题的客户与往来客户，每月都要进行切实分析，掌握其动态。其他如销售金额、销售人员费用、运输距离、毛利金额等，也都要作相关关系分析。

（2）制定销售目标

具体而言，设定销售目标就是对客户进行区域别、行业别、性别、年龄别的分层，针对不同客户，分别设定不同的销售量及毛利目标。

目标必须具体地分配至每一个销售人员，否则就不可能发挥应有的作用。目标的分配务必清楚、具体，使销售人员能随时铭记在心，随时展开行动。同时，还要设法扩大销售、提高毛利、节约销售费用，以期获得最大的成果。

（3）区隔单一市场

一般市场区隔化应遵循六点原则，对每项原则都要有深刻、清楚的认识，以利于销售战略的进行，如图5—2—2所示。

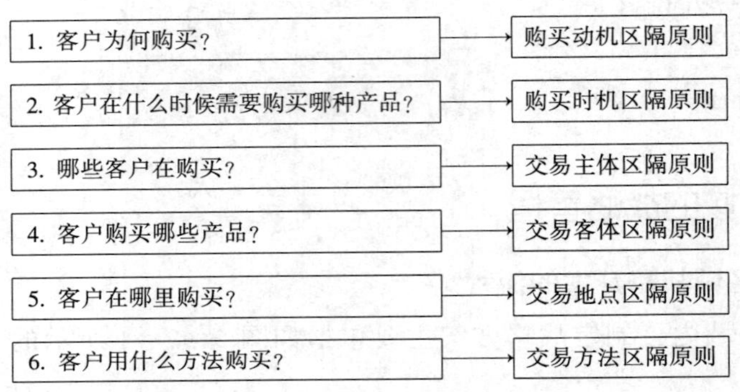

图5—2—2　市场区隔原则

常见的误区之一是把自己的销售区域当作单一市场，笼统地一把抓，结果市场的任何一处都无法进入。把市场依上述原则区隔化，把它当作各个不同的单独市场来处理，这样就容易发现市场进入的机会。

（4）采用推进或上拉战略

关于区域促销战略（这里指广义的促销，广告、公关、销售促进、人员推广等方式），通常有两种方式可供选择，即推进战略和上拉战略。

推进战略是指制造商派推销人员作用于批发商，促进产品交易，批发商向零售商推销产品，零售商再向消费者推销产品。这样，从上游到下游，一层一层地进行信息传递和沟通，并转移产品。

上拉战略是指制造商直接作用于消费者，唤起消费者的兴趣和购买欲望，引导消费者到商店寻购其产品，零售商再向批发商，批发商再向制造商询问或订购产品。

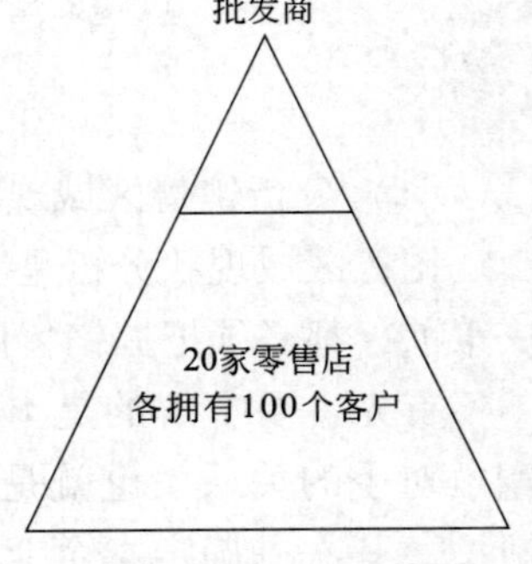

图5—2—3　销售网状态A

在正常情况下，推进和上拉战略应该是双管齐下，二者不可偏废。但实际操作中，还应该根据企业及目标区域市场的实际情况确定所要实施的战略。

例如，某批发商拥有20家零售店，每家零售店各拥有100个客户（见图5—2—3）。

分析可知，该状态的批发商层次的占有度（与企业来往的店数/总店数）非常低，但是零售店层次的占据率却很高。这意味着在客户层次，该企业的品牌知名度相当高，但还没有充分销售到大多数零售店中去，批发商的力量很脆弱。在这种情形下，无论是制造厂商或批发商，都有必要多雇用销售人员，积极建立销售网络，也就是说，应展开“推进战略”。

又如，某批发商拥有 100 家零售店，每家零售店各拥有 20 个客户（见图 5—2—4）。

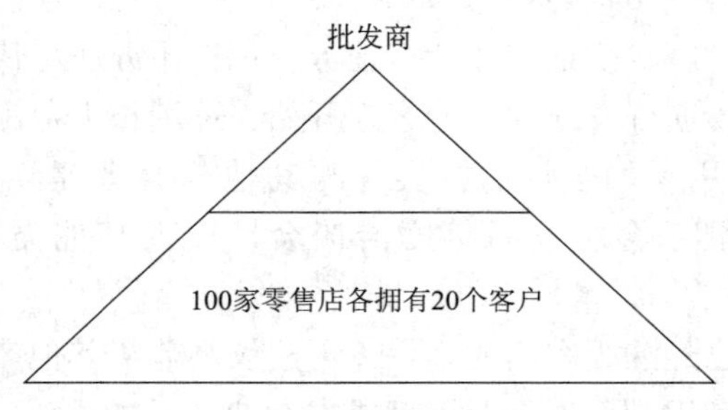

图 5—2—4　销售网状态 B

分析可知，该状态意味着批发商层次的占有度很高，但是在零售店层次的占据率却很低。这说明过去在流通阶段已经下过功夫，也就是“推进战略”相当积极，但就末端客户或使用者而言，使他们对产品发生兴趣的“上拉战略”还做得不够。因此，应该有效地使用电视或其他媒体编列预算，执行“上拉战略”。

（5）制定对付竞争对手的战略

区域营销是以竞争为核心的战略性市场营销，其渠道策略应该是竞争导向的。应根据本企业在本区域市场上的综合实力来确定主要竞争对手，以分销链的系统协同效率为基础，通过不断蚕食、集中冲击等竞争手段展开客户争夺，从而获得区域市场上的主导地位。

比如，在区域市场上，根据具体竞争格局和趋势，企业一般确定直接竞争或构成主要障碍的竞争对手为攻击目标（综合实力相对较弱的情况下，则选择第二、第三位的竞争对手为首攻对象），在终端争夺、促销宣传、价格策略等方面有针对性地冲击竞争对手，逐步扩大自己的市场份额，并不断提升自己的渠道质量和管理水平，在条件成熟时发起针对主导品牌的进攻，以夺取销售区域第一的竞争位置。

（6）让销售人员明确活动目标

在展开地区市场攻略作战时，最后的决定权掌握在销售人员手里。所以，在对每个销售人员的人品、知识、经验、态度、机动力等方面进行综合评价之后，就应尽快让他们明确活动的目标。

活动目标包括销售金额、必须实现的毛利、平均每天访问数、新客户开拓数、账款收回率等。应注意确定活动目标时不能只注重销售金额，也不能设置太多目标，以免销售人员陷入焦躁不安的状态。

2. 销售区域战略开发的技巧

在销售区域战略开发的流程中有以下几个技巧。

（1）利用销售地图使作战视觉化

在销售区域战略开发的过程中，最重要的管理工具之一就是销售地图。

在黑白地图上填上客户层分布情形、竞争者的据点分布情形、交通不便点、重点地区的设定、访问路线、人口、普及率、市场占有率等，即形成销售地图。

（2）开拓新客户的方法

开拓新客户是维系企业生存的一项永不休止的活动。因此，对潜在客户的开拓作战必须持续不断地展开。开拓新客户的具体方法如下：

1）积极直进法。无论客户是谁、在什么地方，都应想办法尽快访问。

2）亲朋开拓法。从亲朋好友或曾经的客户开始，逐渐扩大范围。

3）会议寻找法。利用参加会议的机会，与其他与会者建立联系，寻找客户。如新产品洽谈订货会、产品展销会、贸易年度洽谈会，以及其他类型的展览等，都是很好的机会。

4）关联销售法。对已经购买东西的客户，再建议其购买其他产品。

5）刊物利用法。多利用刊载本企业消息或本企业产品的报纸、杂志以及本行业专门刊物等进行销售。

6）聚会利用法。参加同业集会、同乡会、同学会、讲习会等，以便搞好公共关系。

7）资料查阅法。资料查阅法又叫间接市场调查法，是指销售人员通过查阅各种现有信息资料来寻找准客户的方法，如工商企业名录、商标公告、产品目录、各类统计年鉴、专业团体会员名册、市场介绍、专业书报杂志、电话号码簿、邮政编码册等。

8）团体利用法。主动参加社会团体、行业协会等组织，以便认识更多的人。

9）权威人士利用法。积极交往有一定社会地位或交际广泛的人，利用其广泛的人脉资源开拓市场。

10）保持联系法。与有关行业保持联系，以便获得相关的情报。

开拓销售区域一定要把握好度的问题，好企业在开拓市场的时候都会比较谨慎，往往是开拓一个，巩固一个，再开拓，再巩固。虽然企业需要目光敏锐、反应迅速地发现商机，但其市场的拓展一定要建立在自身实力可承受的范围之内，建立在符合企业可持续发展要求的基础上。

（3）用价格以外的要素来竞争

对销售经理来说，卷入过度竞争的漩涡里，以价格一决胜负，会造成恶性循环，这是很不明智的做法。

以接近成本的价格来竞争，即使市场占有率提高了，也不会对企业带来长足的发展，只有以价格以外的要素来决胜负，才够资格成为营销高手。价格以外的竞争要素主要有：

1）销售人员的人格与知识性的情报服务。

2）对客户的指导及协助。

3）完整的技术服务体制。

4）送货服务的正确时机与迅速性。

5）产品的稳定供给。

（4）正确处理目标客户与现有客户的关系

销售经理在人手的安排上应该考虑每一个销售区域的业务情况。潜在业务量的大小也是一个需要考虑的因素，现有客户较多而潜在目标客户较少的地区，可以考虑安排新客户开发能力较弱的销售人员去负责。在潜在目标客户较多的地区，应该安排经验丰富、新客户开发能力较强的销售人员去负责。

销售人员在工作时间的安排上，需要考虑在现有客户和目标客户之间分配工作时间的比例。销售经理应该根据与现有客户业务往来的稳定程度，适当地要求销售人员将时间和精力较多地安排在目标客户的业务开拓上。但如果现有客户采购量不大，那么销售人员在开拓新客户的同时，也应该将时间和精力用于维护现有客户。

销售经理必须使销售人员懂得如何区分服务性拜访和销售拜访。服务性拜访的作用是处理客户的投诉或者提供售后的工作支持，这一类拜访可能不会马上带来销售，但销售人员必须投入适当的时间去处理，因为这是维持与客户关系的一项重要工作。也有一些服务性拜访可能对销售有直接的帮助，销售经理应该督促销售人员安排合理的时间做好这类客户的拜访工作。

二、销售区域的时间管理

在销售领域，时间管理已经成为理论界研究的重要内容。维尔和伯斯两位时间管理专家用 3 年时间对 257 家企业进行了调查，结果发现有 83% 的企业没有确定每次销售所需要的大致时间，有一半以上的企业没有确定对一个客户进行销售的合理次数，有 30% 的企业销售人员没有制定销售日程表，虽然大多数企业都觉察到销售人员的实践方法有待改进，但是只有近一半的企业针对自己的销售人员如何使用时间进行过正式调查。这些结果表明许多企业在销售实践中对时间管理还没有给予充分的重视。销售人员每天有很多事情要做，包括电话沟通、拜访客户、处理合同和报告、为客户提供售后服务，以及出差和接待客户等，这些工作杂乱并且费时，一不小心就会陷入混乱状态。在这种情况下，时间管理对销售人员来说是十分必要的。销售经理也需要了解这些工作所花费的时间，帮助销售人员做好工作计划，合理安排下属的工作，使销售人员的工作时间能够最有效地运用到销售工作中去。

具体来说，销售区域的时间管理主要包括为销售人员规划线路、确定拜访频率和时间管理三个方面的内容。

1. 为销售人员规划线路

我国地域辽阔，一个销售人员往往要负责好几个城市，甚至好几个省的销售工作，出差时间会占销售人员可用工作时间的相当大的比例。据统计，大部分销售人员有 1/3 的工作时间花在路上。因此，销售路径的规划非常重要。虽然我国的交通状况近年来已经有了很大的改观，但对大部分的内陆省市和中小城市来说，路径安排仍然是令销售人员头疼的一件事。

为了进行路径规划，销售人员应该把当前客户和潜在客户的位置在区域地图上标示出来，即绘制销售区域的位置图。销售人员可将所在区域的商业地图备齐，然后绘制出销售人员所在销售区域的地图，再将销售区域内的各个当前客户和潜在客户按照实际地理位置标在图上，同时在图上标出竞争对手的经销店和本企业的经销店（用不同的颜色标出）。根据该地图可以估算出本企业在此辖区内的市场竞争力强弱。

有了销售区域位置图，销售人员就能比较容易地规划出自己的拜访路径。必须注意以下几个问题：首先，必须综合考虑、统筹安排，尽量用最短的时间、最少的费用，拜访尽可能多的客户；其次，销售人员每一次做出差计划安排时，要考虑和列出要拜访哪些客户、拜访的工作目的是什么、拜访的时机是否适当，根据确实需要进行拜访的目标数量和所在地，考虑出差日程和路径的安排；再次，确定出差日程和路径时需要考虑当地的交通状况，避免因为交通工具的衔接而浪费时间和延误行程；最后，在路径的安排上，除非有足够的理由或特殊的原因，否则应该避免来回的折返，以免浪费时间和差旅费用。合理的差旅路径安排能够节省时间，使销售人员将工作时间最大限度地用于与客户的接触，还可以减少差旅费用的开支，避免销售人员由于过度奔波而感到疲惫和对工作产生厌倦。

2. 确定拜访频率

拜访频率一定要适度。许多销售人员都以为对业务量大的客户或目标客户必须进行频繁的拜访，事实上并不一定正确。客户的工作一般都很忙，过于频繁的拜访可能会浪费他们的时间，影响他们的工作，但过少的接触又可能给竞争对手乘虚而入的机会。所以，确定拜访频率时必须考虑以下因素：

首先，考虑是否有工作需要。想要留住客户，最关键的是满足对方的需求，既包括产品质量、交货安排、价格、服务等因素，也包括销售人员的拜访次数是否恰当，是否能够满足客户的需要等因素。

其次，考虑与客户的熟识程度。双方熟识、关系稳固的客户，通过电话联系也能够解决工作上的问题。通过电话联系，可以节省双方的时间，也可以节约销售人员的差旅费用。双方交易稳定，客户需求固定，而又没有太多的细节需要洽商或特殊情况需要处理的，可以通过销售协调员进行联系，以减轻销售人员的工作负担。但销售人员仍然需要主动保持与客户的接触，询问客户是否有销售上或服务上的工作需要协助处理。同时，在间隔一段时间之后，销售人员应该安排时间对客户进行拜访，以维护相互之间的感情。

最后，考虑客户的订货周期。这就需要销售人员与客户建立良好的关系，对客户的生产经营活动有比较全面的了解，从而可以准确地判断出客户需要订货的时间等。

3. 时间管理

时间对企业的销售效率十分重要。因此，无论是销售经理还是销售人员，都要有效地管理好自己的时间。

（1）制订月、周、日计划。月计划是确定本月需要拜访的客户；周计划较为具体，需要确定拜访各个客户的具体时间、地点，并做好安排食宿等活动；日计划是提前一天做出的，销售人员需确定好第二天即将拜访的客户，以及见面的时间、地点，并准备好销售演示用的相关材料。

（2）对客户进行分析。首先，销售人员应当确定所有的现有客户和潜在客户；其次，销售人员应当估计现有客户和潜在客户的销售潜力。根据客户的购买潜力确定销售频度模型，其中包括销售次数、销售时限和间隔时间，这些模型可以作为销售人员工作的标准程序。

（3）销售经理应对销售人员的销售工作给予更多的帮助，具体包括收集销售情报、识别决策人和安排销售宣传等方面。这样既能使销售人员节约销售时间，还能使他们的工作更富有成效，不仅会使销售人员满意，而且会使客户满意。

（4）必须充分发挥计算机的作用，以充分利用时间。销售频度模型的确定、客户购买潜力及需求的分析、销售路线模型和销售目标的确定等，都可以借助计算机进行系统分析和计算。此外，还应研究计算机在时间管理方面的作用以及销售人员的区域管理方法，如使用计算机对销售人员的“时间和工作分析表”进行分析，可以帮助销售人员了解现在时间利用的状况，以提高销售效率。

（5）销售经理要指导销售人员安排销售拜访的日程和制订在销售区域里的行程。日程安排是指确定访问客户、洽谈工作的时间，行程安排是指在辖区内工作时采用的路线。一些销售组织喜欢为销售人员设计一个正式路线，在这种情况下，管理部门必须要设计出具有可行性、灵活性、有利性，又能令客户满意的销售拜访计划。

三、销售区域的维护与巩固

俗话说：“打江山易，守江山难”，销售区域的建立也是如此。企业攻下某个销售区域后，其市场追随者会效仿并对其侵进。企业想要守住市场，需采用渗透和维护市场两个强力有效的手段。

1. 渗透市场

渗透市场即对现有市场进行全面渗透。

（1）网络渗透

网络渗透是指向广大中间商让利，加大广告促销力度，提高中间商销量。

（2）产品渗透

产品渗透是指扩大产品使用范围、增加产品品种、扩大产品效用、改进产品质量等。

（3）客户渗透

客户渗透是指根据不同客户的不同需求，开发新的产品，以满足不同层次客户的需要。

2. 维护市场

维护市场即对现有市场进行全面维护。维护市场需要建立区域市场的管理团队和制定管理规范。企业可以根据产品特点、分销结构来选择区域管理的重心和管理幅度。如果是深度分销型，企业就需要设立大量终端维护人员实施门店巡访助销，如果企业仍是通过经销商进行批发，则只需少量业务员管理、指导经销商即可。

任务实施

W 公司面临的问题其实就是实施区域战略营销的问题，实施区域战略将成为企业突破经营瓶颈的必然选择。W 公司可以做如下几个方面的改进：

1. 改革管理机制，对总部相关职能进行重新配置，把经营重心下放到各分公司，突出总部职能部门服务的意识，强化总部投资管理、战略管理、市场管理、资本运营的职能，对下属生产分公司下放权力，明确其作为公司利润和成本控制中心的地位，做到责、权、利相结合，并明确各分公司财务独立核算的职能。

2. 将全国划分为几大区域板块，例如五个大区或七个大区，五个大区分区法：东北大区（黑龙江、辽宁、吉林）、华北大区（河南、山东、河北、安徽、山西）、西北大区（内蒙古、宁夏、新疆、兰州、青海）、西南大区（云南、贵州、重庆、四川）、华东大区（上海、浙江、江苏、江西）、华南大区（广东、广西、湖南、福建、湖北）。然后在企业总体战略的指导下进行市场细分，明确各区域板块的定位，制定及实施各区域板块的战略。由于 W 公司实力有限，在最初拓展区域市场时，先采用单一密集型目标市场策略，以全力集中某一目标市场。区域市场的战略制定可参照如图 5—2—1 所示的步骤进行，即对区域市场进行调研，制定销售目标，区隔单一市场，采用推进或上拉战略，制定对付竞争对手的战略，让销售人员明确活动目标。

3. 区域规划，甚至分公司所辖区域的规划，由分公司根据区域市场情况自行制定并报经总公司审批。围绕各区域板块实施区域化产品的开发和研发，并在相应分公司设立相应的企划和研发人员，使企业的产品更贴近不同区域板块的市场实际。比如，在东北市场和华东市场，产品要考虑消费者口味和习惯的不同，产品口味可根据消费者的爱好调整，包装也可以根据消费习惯而调整，而不必拘泥于所谓的全国一个标准。

4. 把销售政策和策略的制定实施权下放到各区域板块分公司，由各区域分公司根据区域市场的具体情况制定其营销策略，而总部只负责总体费用的控制。

5. 开放人才观念，实施人才的当地化战略。人才当地化，不仅因为当地的人才更了解当地，更符合区域市场的要求，而且也可以为企业节约相当大的开支和管理成本。

思考与练习

1. 制定销售区域战略的流程有哪几步？

2. 开拓新客户的方法有哪些？

3. 案例分析

案例：某制药公司业务代表小赵由于工作出色，被提拔到某中型城市担任销售主管，负责本公司在该城市的零售药房业务。初次独立工作，小赵做得非常用心，无论大小客户，均同等对待。开始时工作还比较顺利，但时间一长，该市两家大型连锁药店就对小赵的做法有了意见。他们认为自己的销售额占了绝大部分，却在广告支持、终端推广等方面和其他中小客户享受一样的待遇，这不公平，要求小赵给予一些特别的优惠。小赵认为大家都是客户，不能厚此薄彼，因而对两家大型连锁药店的要求进行了冷处理。对此，两家大型连锁药店也对小赵所负责的产品进行了冷处理，任其在各个连锁分店自然销售。结果竞争对手乘虚而入，加大在这两家连锁药店的终端推广力度，小赵的业务自然受到了很大影响。

讨论：小赵作为销售主管，在辖区范围内的战略管理和时间管理上存在哪些问题？你认为怎样才能实施有效的区域管理，巩固与维护好区域市场？

任务3　中间商管理

知识目标

➢ 掌握选择中间商的步骤、标准

能力目标

➢ 能够选择、管理和激励中间商

任务引入

LX公司是一家主要从事个人计算机业务的企业，张桐是LX公司浙江区的销售经理。他首先对LX公司的浙江市场在区域划分上做了调整，不再按照浙江11个地级市来划分，而是将杭州、绍兴、宁波3市和其他县市独立出来，总共将浙江划分成14个区域。重新划分销售区域后，张桐要做的是选择各区域的中间商。由于LX公司的品牌优势，不少公司都希望能成为它的中间商。张桐所面临的问题是如何选择中间商并对其进行有效的管理，从而实现企业的销售目标。

任务分析

分销渠道成员的主体是中间商，中间商一般有批发商、零售商、代理商。生产企业为了实现自己的区域市场战略，实现对市场的精耕细作，就必须与中间商进行广泛的合作，有效地调动中间商的销货积极性。

浙江区销售经理张桐下一步要做的主要工作是为企业选择适合的中间商，并且通过有效的管理和激励措施，使其发挥最大的效益。

相关知识

一、选择中间商

企业利用中间商的原因就是中间商能够更有效地将企业的产品推向目标市场。企业可通过一定的步骤来寻找中间商。选择中间商时，有一定的步骤、原则和方法可循。

1. 选择中间商的步骤

（1）收集、了解目标市场的概况

在确定开拓某个新市场时，首先要对目标市场的经济地理概况作全面、细致的掌握和了解。例如，只有在对目标市场的人口规模、人均收入、消费形态和消费习惯等概况进行了解和分析的基础上，才能对进入该市场的预期目标销售额和推广成本进行初步评估。而预期目标销售额和推广成本是在和中间商谈判时最重要的谈判内容。只有做好充分准备，才能在选择中间商和与中间商进行谈判时做到心中有数。

（2）把握中间商的需求

中间商的需求当然是追求利润的最大化，可中间商关心的也不仅仅是利润。中间商更为关注的是企业的综合实力、产品力的强弱，以及市场推广的配合、付款方式、售后服务等。企业在与中间商接触时，要准确掌握中间商的实际需要，最好向对方提供可借鉴的样板市场的经营情况，帮助中间商树立经营信心。例如，有的企业以为只要给中间商较高的提成或者优惠的销售条件，就可以提高中间商的销售积极性，但却没有为其提供相应的销售培训和市场推广的配合，中间商急于提高销售额，往往会采用不利于企业长远发展的短期行为，造成对企业品牌声誉的负面影响。因此，对中间商需求的满足要关注到长远发展，而不仅仅是利益驱动，要帮助中间商伴随企业的成长而成长，在长远的合作中做到互惠互利，才能建立起高效、稳固的销售渠道。

（3）制定选择中间商的原则和标准

在选择渠道成员时，要遵循一定的原则和标准。企业选择中间商的时候要坚持一定的原则，不能为了眼前利益而忽视长远的发展。制定原则的目的是使企业所选择的中间商更符合企业自身长远规划。企业在选择中间商前，要制定出详细的中间商选择标准，利用制定的选择标准来衡量、选择中间商。例如，有的企业认为选择的中间商实力越强越好，但企业同强的中间商合作时，往往会在合作条件上占据劣势地位，而实力强大的中间商也往往会同时代理多家企业的产品，并不一定会把较多的精力投入到某个企业的产品上。因此，企业要根据自身发展需要，制定相应的原则和标准，选择最适合自己的合作伙伴。

（4）准备合作协议的框架

在与中间商进行接触前，企业要准备好与中间商谈判的合作协议框架，以争取在谈判中将中间商引入企业所期望的合作模式中，占据谈判的主动权。合作协议框架的主要内容应包括以下方面：销售区域的界定范围、合作协议的有效期、销售量的指标、中间商的责任和义务（如提供销售和存货信息、遵守企业的价格体系、执行企业的销售政策等）、市场推广支持方式、货款支付条件、违约的处罚措施等。

（5）运用科学的方法选择中间商

运用得当的方法，可以更加科学地选择中间商。使用合理的方法选择中间商，可以使企业少走弯路，节约成本。选择中间商的方法主要有以下几种：

1）综合评分法。根据上述各项标准进行综合评分，先对各因素影响程度的差异分别给予一定的权重，然后计算各中间商的总得分，从中选出得分较高者。

2）销售量分析法。根据中间商以往的销售业绩、拥有的客户资源和网络及市场的变化趋势，对有关中间商的销售承诺能力进行评估，从中选出最佳的分销成员。

3）销售费用法。渠道成员的销售费用影响到企业的效益，因此，对销售费用的控制和对渠道成员销售费用评估就成为企业的一个重要的评估原则。一般可以通过总销售费用比较、单位商品或单位销售额比较、销售费用效率分析等手段来进行渠道成员的选择。

（6）谈判并签订合同

渠道成员之间的谈判一般是围绕享有的权利和应尽的义务来展开，这是选择中间商的最后一个步骤，也是关键的一个步骤。渠道成员之间的关系一般是一种合作的关系，只要彼此能给对方带来一定的经济效益或其他利益，合作自然水到渠成。应注意，在签订合同时一定要慎重，因为合同一旦生成，便具有了法律约束力。

2. 选择中间商的标准

（1）信用和财务状况

这是企业选择渠道成员首先要考虑的因素。需要收集的信用与财务信息调查事项包括以下内容：注册资金、实际投入资金是否宽裕，必备的经营设施（仓储、运输、营业场所）能否承受目前的业务，给厂家付款的方式是否合适，资金周转率、利润率、银行贷款能力如何，税务是否守法，欠账、放账的程度如何。信用和财务状况良好、资力雄厚的中间商不仅能保证及时付款，还可以向生产商提供一些财务帮助，或提供部分预付款以及允许客户分期付款，从而吸引更多的消费者。反之，若中间商的信用和财务状况不佳，就会经常拖欠货款，影响企业的资金周转速度。

（2）市场覆盖范围

市场是选择中间商最为关键的因素，市场覆盖范围即中间商覆盖企业预期的地理范围的程度。在考虑中间商覆盖市场的范围是否足够广时，企业总是希望被选择的渠道成员拥有最大的市场覆盖范围，但同时又希望被选中的渠道成员之间只有很小的重叠范围，最理想的情况是没有重叠的范围。

（3）销售实力

判断渠道成员销售实力的方法很多，除了对人员、装备、设施、声誉等方面加以评价外，重点还要评价两个方面：一是销售绩效，企业总是关心被选择的渠道成员是否能够完成其所期望的市场份额；二是促销能力，中间商销售产品的方式及运用促销手段的能力，直接影响其销售规模。比如，有些产品适合人员推销，有些产品适合广告促销，而有些产品则适合通过公共关系促销等。因此，选择分销商时要充分了解其所能完成某种产品销售的市场营销政策和技术的实现可能程度，以及其是否愿意承担一定的促销费用等。

（4）产品线

企业通常需要考虑渠道成员产品线的四个方面：竞争性产品、相容性产品、补充性产品以及代理产品线的质量。企业通常愿意选择那些销售与自己产品相容或具有补充性产品的渠道成员作为合作伙伴，而不愿意选择那些销售与自己产品具有竞争性的渠道成员作为合作伙伴，因为大多数企业认为在前者情况下渠道成员能够为消费者提供更全面的产品组合。从代理产品线的质量这个角度来看，大多数企业都愿意选择那些能够销售与其产品质量相近或更好质量产品的渠道成员作为合作伙伴。

（5）合作意向

如果中间商没有合作的意愿，即使其再有实力、声誉再好，对企业来说都是没有意义的。如果中间商乐意与生产企业合作，就会积极主动地销售产品，这对双方都非常有利。因此，合作意向是选择中间商不得不考虑的因素。

3. 中间商的角色定位

中间商的角色定位，即明确赋予中间商相应的角色、责任及权利。角色定位是渠道成员相互之间进行有效沟通的前提，否则，渠道成员的行为就有可能偏离渠道目标而导致渠道冲突。渠道成员的角色定位一般可以采取以下两种方式。

（1）正式合约方式

通过正式合约明确规定渠道成员在渠道中担任的角色及其相应的责任和权利，不仅可以强化与规范渠道成员的角色范围及行为，还能有效地预防成员之间因目标不一致所带来的冲突。

（2）非正式合约方式

采取非正式合约方式时需要渠道成员之间高度信任或依赖。实际上，非正式合约是双方对自身行为的一种承诺。需要注意的是，即使采取非正式合约形式，渠道管理者与渠道成员也要充分沟通好自己的角色、责任及权利。

二、激励中间商

一般来说，中间商并不会一直与企业保持一致，会有各自的需求与愿望，因此企业应该有的放矢地实行渠道激励政策，保持渠道具有足够的动力。激励中间商的形式多种多样，一般而言可以分为直接激励和间接激励两大类。

1. 直接激励方法

直接激励是指通过给予金钱或物质奖励来肯定中间商的经营成绩。实践中，企业多采用以下几种激励形式来鼓励中间商的业绩。

（1）返利

返利是指企业根据一定的评定标准，对达到标准的渠道成员进行奖励的激励制度。返利根据评判标准的不同，可以分为销售额返利和综合返利；根据返利的时间不同，可以分为月返、季返和年返；根据返利的方式不同，可以分为现金返利和非现金返利。因此，在制定返利政策时一定要考虑如下因素：返利的标准，一定要分清数量、品种、等级、返利额度等；返利的形式，是现价返，还是以货物返，还是二者结合等；返利的时间，是实行月返、季返还是年返；返利的附属条件，如严禁擅自降价、严禁跨区域销售、严禁拖欠货款等。

除了正面激励以外，对于经销商的不良表现，也可以采用诸如减少让利、减少供货和终止合作关系等负激励手段。

（2）价格折扣

价格折扣通常包括以下几种形式：数量折扣，经销数量越多，折扣越丰厚；等级折扣，根据中间商在渠道中的等级，给予相应的待遇；现金折扣，货款回收时间越早，折扣越多；季节折扣，在进入销售淡季之前，可鼓励中间商多进货，减少企业的仓储和保管能力，在进入销售旺季之前，加大折扣，促使中间商进货，以抢占热销先机。

（3）开展促销活动

促销费用可由企业负担，也可由中间商分担一部分。通常，企业推出一项促销活动，首先应该考虑的便是设计一套层次分明、分配合理的价差体系。高价的产品如果没有诱人的价差分配，就无法调动中间商的积极性，而低价产品如果控制得当，仍然可以以销量大而为中间商带来利润。

2. 间接激励方法

间接激励是指通过帮助中间商进行销售管理，以提高销售的效率，激发中间商的积极性。间接激励常见的方式有以下几种。

（1）帮助中间商进行零售终端管理

如定期拜访、帮助中间商设计商品陈列的形式、整理货架等。

（2）帮助中间商管理其客户网

如为中间商建立客户档案，并根据客户的销售量将客户分成等级，据此告诉中间商对待不同等级的客户应采取不同的支持方式，从而更好地服务于不同性质的客户。

（3）合理安排企业与批发商、企业与零售商之间的合作

对于零售商，可经常给予零售商合作广告补助、内部展示报酬等；对于批发商，可为批发商销售人员制订培训计划等。

三、中间商的管理

1. 对批发商的管理要点（见表5—3—1）

批发是指将产品或服务销售给那些为了转售或使用的人或机构时所发生的活动。批发商是衔接生产商和零售商的中间环节，具有销售和推销职能、进货和产品搭配职能、批量买卖职能、运输仓储职能、融资职能、风险承担职能、信息提供反馈职能、咨询服务职能等。

表5—3—1　　批发商管理要点

问　　题	管理要点
如何选择批发商	可以从以下几点考虑：中间商的销售规格、资金实力、声誉、经营业绩、经验、仓储配送等综合服务能力
如何要求批发商进行布点和市场推广工作	要求做好客户的原始记录，编制客户分布图，走访客户，召开座谈会，通过已有的销售网络快速铺货，及时向生产商反馈销售情况，根据生产商的要求做好促销工作，并建立信息反馈制度
如何衡量批发商的配送工作	定时间、定地点、定人员、定线路、定客户、定产品组配效率
控制、激励批发商的主要方法有哪些	可以通过下列要点进行控制和激励：质量、价格、品牌、铺货、融资、广告、补货、退货、库存、折扣、回款时间、经销区域管理、合作关系等

2. 对零售商的管理要点（见表5—3—2）

零售是指将产品或服务直接出售给最终消费者，供其非商业使用的过程中所涉及的活动。专门经营零售贸易的商业机构，都可称为零售商。

表 5—3—2　零售商管理要点

问　题	管理要点
如何选择零售商	可以从以下几点考虑：消费者的购买行为习惯、心理，零售商的品牌、区位、政策，经营的产品种类、业绩，经营管理水平等
如何推动零售商	保持较大的零售价与进价的价差和返利、广告支持、人员培训、售后服务、退换货方面的配合、感情投资
如何应付零售过程中所面临的挑战	销售代理角色定位、引导客户升级购买、解决客户购买疑虑、做好接待工作
如何帮助零售商提高销售额	分析影响销售额的系列因素，根据吸引客户和提高人均购买额这两个方面所包括的众多因素进行分析

3. 对代理商的管理要点（见表 5—3—3）

代理商不同于批发商、零售商，代理商没有商品的所有权，只是在买卖双方之间起媒介作用，促成交易，从中赚取佣金。

表 5—3—3　代理商管理要点

问　题	管理要点
如何选择代理商	可以从以下几点考虑：信誉、经营规模（包括历史、区域范围、销售量）、经营业务范围、销售网络、业务拓展能力、财务状况、同行业的评价
如何激励代理商	可以从以下几点考虑：产品与物质激励、广告宣传、服务、人员培训、代理权激励、佣金
如何对代理商进行协调	可以从以下几点考虑：经营诊断、协调工作、加强沟通、目标引导、规范合同、密切关系

任务实施

一、分析该企业现状

LX 公司是一家主要从事个人计算机业务的企业，从 2013 年开始，LX 公司在浙江市场开始实施区域分销战略。该战略总共分为 3 个阶段：第一阶段，战略设计。利用 1～2 年的时间，对浙江的渠道体系进行完善，并且在业绩上形成一定的增长。第二阶段，持续的深化、优化。这一阶段的重点是和中间商协同发展，对区域进行精耕细作，让中间商走到终端渠道。第三阶段，未来 LX 公司会和中间商进行无缝对接、高效运作，在目标、管理以及人员上进行更加紧密的联系。

二、选择中间商

LX 公司的渠道战略是要同中间商形成无缝对接、高效运作的紧密合作伙伴。因此，LX 公司在选择中间商时，制定了以下标准。

1. 实力指标

（1）社会资信实力佳。

（2）有一定资金实力。一级中间商注册资本在100万元以上，流动资金在50万元以上。

（3）拥有一定销售网络实力。一级中间商要求拥有销售店面五间以上，二、三级中间商至少要有销售店面一间。

（4）一级中间商要求有5年以上行业运营经验。

（5）一级中间商要求有3年以上销售经验的成熟业务员3人以上，文化程度大专以上。

（6）一级中间商要求拥有仓库面积在100平方米以上，运输车辆2辆。

2. 能力指标

（1）一级中间商要求有持续良好的客户关系，月销货额在100万元以上，有良好的市场信誉。

（2）有较强的市场拓展能力，新开发客户的销售额占月销售额的20%以上。

（3）要求内部管理运作效率高，规章制度健全，执行力强。

（4）有较强同本企业合作的意愿，认同本企业经营理念和市场战略，愿意配合本企业共同开发市场。

（5）市场信息反馈能力强，能够及时把收集到的有关信息传给企业。

（6）愿意积极配合企业的促销决策。

由于LX公司的区域营销战略涉及区域的重新划分和中间商的选择，因此，对原来的中间商来说，会存在一些抵制情绪。前期，张桐花费了大量的时间去说服每一个中间商，与中间商讲清楚规则，让中间商从长远的角度去看待公司这样做的真正目的。后期，张桐又花费了大量的人力、物力，和中间商一起对下级渠道做相关的支持和说服工作。经过半年努力，中间商的抵触情绪消失了。同时，在解决问题的过程中，还有意外收获。例如，有些中间商反映以前上游的渠道很难见到，现在经常见到，这种感情的交流在潜移默化中改变着渠道间的关系和配合程度。

在中间商的选择上，由于LX公司的品牌优势，候选的中间商数量较多，张桐根据公司以往与中间商的合作经验制定了上述选择标准，然后根据标准确定了20家候选中间商，再使用综合评分法选择出14家最优的中间商，并为其分配了相应的销售区域。

三、激励和管理中间商

LX公司与中间商签订了合作协议，明确了以下两个方面。

1. 对经销商的支持政策

LX公司对授权中间商的支持包括培训、提供资料、协助打单、技术支持、广告宣传五个方面：

（1）LX公司统一为签约中间商培训售前和售后人员，包括产品的卖点、与其他产品的比较优势、系统的安装等。

（2）LX 公司将提供签约中间商公司的产品资料。

（3）中间商遇到销售困难，可以申请 LX 公司的销售支持。LX 公司将设专人协助中间商解决销售中出现的问题，并视情况给中间商提供包括电话、网络、邮件、现场去人等方式的协助。

（4）LX 公司产品的技术服务（包括安装实施及使用培训）主要由中间商完成。必要时中间商可申请 LX 公司直接对客户提供服务。

（5）中间商与客户签约时可以视情况收取一定的实施与培训费用，具体数额以中间商与客户双方协商为准。中间商负责对客户的实施与使用进行培训，以上费用全部归中间商所有。

（6）LX 公司每年在全国性媒体（包括网络）上进行有关产品的广告宣传，并在宣传资料上显示各地中间商的名称和电话。中间商也可以在当地媒体上进行一定宣传，中间商需要把宣传稿件原件按月邮寄给 LX 公司市场部存档，如在该经销年度结束时完成了销售指标，LX 公司将返还给该中间商进货总额的 3.5%作为宣传费用补贴。

2. 合作条件

（1）协议期限

明确了销售区域和协议有效期限以及续签条件。

（2）产品和价格

规定了每月和每季最低订货量，如果未能完成，将降低中间商级别或取消资格。按不同级别给予中间商产品结算价格。

（3）付款条件

明确了付款方式，如果中间商逾期付款，将支付滞纳金，严重者取消经销资格。

（4）经销条款

明确了经销商必须集中销售力量，全力宣传、销售 LX 公司产品。LX 公司给经销商的产品结算价格中应包含宣传费用。除此之外，在合作协议中还约定了双方的责任和义务、维修条款、保密和知识产权、违约条款等项目。

在后期渠道管理的工作中，LX 公司想让中间商支持其所划分的区域终端渠道，让中间商和终端渠道一起深入乡镇市场，支持乡镇渠道或者区域终端渠道在乡镇开连锁店。以前，LX 公司的总代理之间都是单纯利用资源来吸引下级渠道，现在实行的是“分田到户”，“粮食”收获的多少完全在于“每家每户”精耕细作和进行长期投入的积极性。为了支持中间商覆盖到乡镇市场，LX 公司不仅大力配合在乡镇的广告和促销，而且还制定了一系列激励政策，例如，如果中间商到乡镇上开拓渠道，会在建店费用、宣传、店面装修等方面给予一定的支持。

通过大量细致的管理工作，LX 公司浙江区域市场渠道的调整过渡平稳。在这个过渡期内，浙江区域在销售业绩上也得到了一定的增长。

思考与练习

1. 选择中间商的步骤有哪些？

2. 选择中间商的标准是什么？
3. 选择中间商的具体方法有哪几种？
4. 如何对中间商进行分类管理？

任务 4 连锁经营管理

知识目标

➢ 掌握连锁经营的概念和特点
➢ 了解连锁经营的原则

能力目标

➢ 能够正确地选择连锁经营类型

任务引入

孙颖是一位酷爱烹饪的女性，开一家有特色的餐馆一直是她的心愿。2013 年，在朋友的帮助下，她的特色餐馆“湘味居”正式开业了。孙颖是湖南人，所以餐馆以湖南特色菜为主，“湘味居”因风味独特而生意红火。第二年，孙颖又租下了隔壁的商铺，扩大了经营面积，但餐馆在就餐时间仍然常常人满为患。

孙颖不得不考虑餐馆下一步发展的问题。“湘味居”坐落于 A 市一个正在不断发展的新区，在这两年内新区居住人口翻了一番，并且附近出现了两个客流量很大的百货商场，人流量越来越大，因此，“湘味居”具有相当好的发展前景。这时，一家知名度极高的餐饮连锁经营企业看中了“湘味居”的地点优势和孙颖的经营才能，主动向孙颖表示了合作的意愿。“湘味居”该何去何从，孙颖一时也很难抉择。如果加入该连锁企业的特许经营，意味着孙颖必须实施特许授权人的品牌和经营战略，也就意味着孙颖苦心经营了三年的“湘味居”就此结束。但是，这家连锁企业在其他地区特许经营店的兴旺发展对孙颖也不无诱惑。且随着“湘味居”的发展壮大，孙颖也越来越发现在餐馆经营管理上存在后劲不足的问题，如果加盟这家知名的连锁企业，也许这些问题就迎刃而解了。同时，也有朋友建议孙颖，加盟别人的品牌，不如自己树立品牌，自己做特许授权人，这样发展得更快。

关于“湘味居”的发展，孙颖该如何选择？

任务分析

孙颖现在面临着三种选择：继续自主经营、加入知名连锁经营企业、自己开设“湘味居”连锁经营店。不管面临哪种选择，都必须首先了解连锁经营的特点、原则、类型、体系等知识，以便更好地为企业经营服务。

相关知识

一、连锁经营的概念及特点

1. 连锁经营的概念

连锁经营是指通过一定的联结纽带，遵循一定的规则，将众多分散孤立的经营单位联结在一起，并按照规则的要求进行商业运作。连锁经营是社会化大生产的产物。一方面，社会化大生产要求流通领域必须实行规模经营，以大流通来适应大生产；另一方面，大众消费时代又要求流通领域必须实行灵活经营，以方便的流通形式来适应个性化的消费。为了解决流通中这种规模与灵活、效率与方便之间的矛盾，连锁经营作为一种新型的现代流通方式便应运而生。从世界范围来看，该种经营方式运用最为成功的领域就是零售业。采用这种分销渠道方式，一方面，大多数企业都可以选择连锁经营商分销其产品；另一方面，一些生产消费类等产品的企业则可以建立连锁专营店经营自己的产品。

2. 连锁经营的特点

连锁经营是一种商业组织形式和管理模式，是在同一经营字号的总部统领下，由若干个店铺或分支企业构成的联合体所进行的商业经营活动。连锁经营的实质是把现代化大生产原理有效应用到传统商业中去。它把复杂的商业活动分解为像工业生产流水线上那样相对简单的若干环节，能够提高经营效率并实现规模效益。

连锁经营的特点具体表现为五个方面：

（1）经营理念的统一性

连锁企业的经营理念是该企业的经营宗旨、经营哲学和中长期战略，是其经营方式、经营构想等经营活动的依据。连锁企业的经营理念必须是统一的。

（2）企业识别系统的统一性

连锁企业要建立统一的企业形象，将连锁企业展示给公众，起到直观印象作用。建立统一的企业形象，有利于让消费者认同该企业，对企业产生依赖感。

（3）产品及服务的统一性

连锁企业所经营的产品应该是统一的，并要按照消费者需求作最佳的产品组合，不断更新换代。所有门店的服务措施要统一、规范，使消费者到任何一家门店，都可以享受到一级的服务。

（4）职能的专业化

传统的企业通常为购销合一，而连锁经营企业则将采购和销售两种职能完全分开，实行专业分工。

统一采购有利于连锁企业在与生产企业交往中处于优先地位，易以最为优惠的价格购进商品，进而不断增强连锁企业竞争力和吸引力。

分散销售首先可以享受到集中进货所获得的低成本优势，取得较为灵活的市场价格战略，在与其他对手竞争中取得主动；其次可以贴近消费者，通过近距离的促销和服务，同消费者建立情感纽带，增强消费者对门店及整个连锁企业的心理联系。

（5）在经营战略、经营策略上实行集中管理

实行集中管理即由总部统一规划，制定规范化的经营管理标准，并下达到各门店执行。统一性的集中管理体现在连锁企业的操作手册上。

二、连锁经营的4S原则

连锁经营之所以能在激烈的竞争中迅速发展，是因为它适应社会化大生产的要求，实现了商业活动的4S（即独特化、简单化、专业化和标准化），从而获得其他商业形式无可比拟的经济效益。

1. 独特化

独特化即按照企业的业态和定位，明确企业经营的商品和服务的目标，在满足客户需求的过程中，确定在哪些环节形成与竞争对手的差别，形成竞争优势。在经营方式、服务方式等经营管理各环节都形成独自的有效体系。品种、价格、设计、质量、形象、服务、促销手段等都可能成为差别化的手段。客户要求的满足是一个复杂的过程，在这个过程中进行正确的选择，可以吸引客户选择本企业区别于其他企业的商品和服务。

2. 简单化

简单化即将作业流程尽可能地"化繁为简"，减少经验因素对经营的影响。连锁经营扩张讲究的是全盘复制，不能因为门店数量的增加而出现紊乱。在科学分析、高度分工的基础上，使经营管理过程中的每一环节、每项工作都调整到简单明了、简便易行，实现"人人会做、人人能做"。为此，连锁企业要制定出简明扼要的操作手册，让员工按手册操作，各司其职，各尽其责。

例如，麦当劳公司的第一本操作手册有15页，不久之后扩展到38页，1958年后多达75页。在操作手册中可以查到麦当劳所有的工作细节。在第三本手册中，麦当劳开始教加盟者进行公式化作业，包括如何追踪存货、如何准备现金报表、如何准备其他财务报告、如何预测营业额及如何制定工作进度表等。甚至可以在手册中查到如何判断盈亏情况，了解营业额中有多大比例用于雇用人员、有多少用于进货、有多少是办公费用等。每个加盟者在根据手册计算出自己的结果后，可以与其他加盟店的结果进行比较，便于立即发现问题。麦当劳手册的撰写者不厌其烦，尽可能地对每一个细节加以规定，这正是手册的精华所在。也正因如此，麦当劳经营原理能够快速全盘复制，在全世界开上万家分店，仍能多而不乱。

3. 专业化

专业化即将一切工作都尽可能地细分专业。这种专业化既表现在总部与各成员店及配送中心的专业分工上，也表现在各个环节、岗位、人员的专业分工上，具体内容见表5—4—1。

表 5—4—1　　连锁经营专业化的具体内容

项目内容	具体做法及好处
采购的专业化	聘用或培训专业采购人员来采购商品，可使连锁店享有下列好处：对供应商的情况较熟悉，能够选择质优价廉、服务好的供应商作为供货伙伴；了解所采购商品的特点，有很强的采购议价能力
库存的专业化	由专业人员负责库存，他们善于合理分配仓库面积，有效地控制仓储条件，如温度、湿度，善于操作有关仓储的软、硬件设备，按照“先进先出”等原则收货、发货，防止商品库存过久变质，减少商品占库时间
收银的专业化	经过培训的收银员可以迅速地操作收银机，根据商品价格和购买数量完成结算，减少客户的等待时间
商品陈列的专业化	由经过培训的理货员来陈列商品，他们善于利用商品的特点与货架位置进行布置，能及时调整商品位置，防止缺货或商品在店内积压过久
店铺经理在店铺管理上的专业化	店铺经理负责每天店铺营业的正常维持，把握销售情况，向配送中心订、进货，监督管理各类作业人员，处理店内突发事件
公关法律事务的专业化	连锁店通过聘用公关专家，以公众认可的方式与媒体和大众建立良好关系，树立优秀的企业形象；通过专职律师来处理涉及公司的合同、诉讼等法律事务，能确保公司始终合法经营
店铺建筑与装饰的专业化	通过专业的房地产专家、建筑师、商店装饰专家的把关，将店铺建在合适的地点，采取与消费者购物行为相一致的装饰方式，使购物环境在色彩、亮度、宽敞度、高度方面维持在一个较高的水准
经营决策的专业化	通过资深经理的任用，连锁店在店铺形态选择、发展区域、扩张速度等方面均可实现决策专业化，保证决策的高水平
信息管理的专业化	建立或采用配送中心物流管理系统，商品、人事管理系统，条形码系统，财务系统，店铺开发系统，连锁集团数据库系统等信息系统，及时评价营业状况，准确预测销售动态
财务管理的专业化	聘用财务专家，实现连锁店在融资、资金流通、成本控制方面的高水平运营
教育培训的专业化	设立培训基地，聘用专职培训人员，持续地为连锁店培养高素质的员工

4. 标准化

标准化即将一切工作都按规定的标准去做。连锁经营的标准化，表现在两个方面：一是作业标准化，总部、分店及配送中心对商品的订货、采购、配送、销售等各司其职，并且制定规范化规章制度，整个程序严格按照总公司所拟订的流程来完成；二是企业整体形象标准化，店铺的开发、设计、设备购置、商品陈列、广告设计、技术管理等都集中在总部。总部提供连锁店选址、开办前的培训、经营过程中的监督指导和交流等服务，从而保证各连锁店整体形象的一致性。

例如，人们熟知的麦当劳，其全部连锁店都有一个金黄色“M”形的双拱门标志，并都以红色和黄色为门店的主要色彩元素；麦当劳所有柜台均设计为最适合人们选购产品的 92 厘米；店铺内的布局基本一致，壁柜全部离地，均装有屋顶空调系统；厨房用具全部标准化，如“V”形薯条铲、贝壳式双面煎炉等；所有薯条均采用“芝加哥式”炸法，即预先炸 3 分钟，临时再炸 2 分钟，从而令薯条更香更脆；据测在 4 ℃时可口可乐的味道最甜美，于是全世界麦当劳的可口可乐温度，统一规定保持在 4 ℃；面包厚度在 17 毫米、面包中的气孔在 5 毫米时口感最佳，于是麦当劳所有的面包均按此标准制作。

三、连锁经营的类型及体系

连锁经营从最初单一所有权形式，即直营连锁的形式出现，逐渐演变成直营连锁、特许连锁、自由连锁三种形式并存。三种连锁形式的区别见表5—4—2。

表5—4—2　　直营连锁与特许连锁和自由连锁的区别

区别＼形式	直营连锁	特许连锁	自由连锁
产权关系	直营连锁店都属于同一资本所有，各个加盟店由总部所有并直接运营、集中管理	各个特许加盟店的资本是相互独立的，与总部之间没有资产纽带	加盟店自发、自愿共同结成的组织
法律关系	总部与分店之间的关系由内部管理制度进行调整	特许人（总部）和被特许人（加盟店）之间的关系是合同关系	自由连锁由加盟店集资组成
管理模式	总部对各分店拥有所有权，对分店经营中的各项具体事务均有决定权，分店经理作为总部的一名雇员，完全按总部意志行事	通过特许人与被特许人签订特许经营合同形成。各个加盟店的人事和财务关系相互独立，特许人无权进行干涉	自由连锁总部一般是非营利性机构，不收或收取少量的会费。自由连锁成员店的经营自主权比特许经营加盟店多，相互联系更为松散，可以自由退出
经营领域	一般限于商业和服务业	在商业、零售业、服务业、餐饮业、高科技信息产业、制造业被广泛应用	商业、零售业、服务业、餐饮业、制造业均可采用

1. 直营连锁

直营连锁是指连锁企业的门店均由企业总部全资或控股开设，在总部的直接领导下统一经营，总部对各门店的人、财、物及商流、物流、信息流等方面实施统一管理。因此，直营连锁本质上是指处于同一流通阶段、经营同类产品和服务、在同一个总部集权领导下进行共同经营活动的零售企业集团。直营连锁的主要特点包括：所有权集中统一于总部，所有的直营连锁店归属于同一企业或同一经营资本；由总部集中领导、统一经营；实行统一的核算制度；各直营连锁店经理是雇员而不是所有者；各直营连锁店实行标准化经营管理等。

2. 特许连锁

特许连锁也就是特许经营。特许经营最早出现在美国，已经有一百多年的历史。特许经营的主要优势是操作简便，成本较低，可以快速扩大营销规模，满足消费者对便利化、规范化服务的需要。因此，特许经营这种营销方式在许多国家，特别是发达国家被广泛采用，目前已经发展得比较成熟。特许经营在我国出现的时间并不长，但发展速度很快，特别是2000年以后，特许经营在我国进入了高速增长期。据统计，2012年我国特许经营体系超过4 500个，位居世界第一，如肯德基、麦当劳、全聚德、华联超市、马兰拉面、吴裕泰茶叶、福奈特洗衣等，涉及餐饮、零售、洗衣、室内装饰、休闲健身等60多个行业，特许加盟店超100万家。特许经营的发展，在调整和改善流通结构、促进中小企业发展、扩大就业等方面发挥了积极的作用。

3. 自由连锁

自由连锁是指由分属于不同资本的独立的零售商自愿组成，实行共同进货、统一配送、共同促销等的契约型联合体。一般来说，自由连锁中各连锁企业的店铺均为独立法人，各自的资产所有权关系不变，各成员使用共同的店名，与总部订立有采购、促销、宣传等方面的合同，并按合同开展经营活动，各成员可自由退出。自由连锁的特点主要包括：各加盟店在保留单个资本所有权的基础上实行联合，总部同加盟店之间是协商、服务关系；总部行使加盟店委托的职能，尽最大的努力促进加盟店的繁荣与发展，同时向加盟店返还依靠规模经营所得的利益；总部同加盟店之间实行集中订货和统一送货，统一制定销售战略，统一使用物流及信息设施；各加盟店不仅独立核算、自负盈亏、人事自主，而且在经营品种、经营方式、经营策略上也有很大的自主权。

从直营连锁、特许连锁、自由连锁各自的定义可以看出，直营连锁与特许连锁和自由连锁都有比较明显的区别。

连锁经营最大的优势是由其拥有众多分店所带来的规模优势，这种优势主要体现在四个方面，一是一个大型连锁商在同制造商交易时有很强的讨价还价能力，二是连锁经营可以节约广告费用，三是连锁经营可以节约大量流通费用，四是连锁经营享有研究、开发、培训、学习的规模优势。

连锁经营除了其规模效应这个主要的优势外，在专业化、标准化、集中化、信息化四个方面也有很强的优势，它们是密切联系、互为一体的。

任务实施

一、分析现状

孙颖在了解连锁经营模式的特点、原则后，认真调查了解了那家知名连锁企业的背景和发展过程。这家连锁企业经营的主要产品是中式快餐，通过连锁经营的方式，在短短十年内，在国内已经拥有上千家分店，深得消费者的喜爱和认可。同时，孙颖也分析了“湘味居”的现状，“湘味居”以“湘菜”为主，苦心经营三年，已经形成了自己独特的菜品风格和管理风格。“湘味居”的独特风味不同于这家中式快餐连锁企业，如果加盟，就意味着完全放弃“湘味居”的风格。作为创业者，不仅从情感上来说是难以舍弃的，而且孙颖到加盟品牌的几家分店考察后发现，单家店的经营绩效并不一定会比“湘味居”更好。在比较了这家知名连锁企业的产品后，孙颖认为，“湘味居”具有一定的特色优势，“湘味居”的下一步发展可以借鉴这家连锁企业的经验，也走连锁经营之路，这样，“湘味居”的特色不仅可以保存，而且可以迅速地发展壮大。

二、选择连锁经营类型

在了解连锁经营体系之后，考虑到连锁经营的“4S”原则不是一朝一夕就可以做到的，于是孙颖决定分三步走：

1. 在“湘味居”原店经营基础上，根据“4S”原则，聘请管理专业人士设计连锁经营手册，力图形成独特化、简单化、专业化、标准化的经营体系。尤其是标准化，主要表现在两个方面：一是作业标准化，总部、分店及配送中心对商品的订货、采购、配送、销售等各司其职，并且制定规范化规章制度，整个程序严格按照总公司所拟订的流程来完成；二是企业整体形象标准化，门店的开发、设计、设备购置、店面装修摆设、广告设计、技术管理等都集中在总部，总部提供连锁店选址、开办前的培训、经营过程中的监督指导和交流等服务，并均设计成标准化的流程。

2. 按照上述连锁经营手册，在三年内开设两家直营连锁分店，在分店的开设营业过程中，不断完善改进连锁经营手册，使“湘味居”连锁经营体系更成熟，并积累连锁经营经验和培养所需的人才。

3. 在直营连锁店经营良好和积累了连锁经营经验的前提下，可发展特许经营形式，选择合适的加盟商加盟“湘味居”，向全国市场迅速推广“湘味居”特色品牌。

思考与练习

1. 什么是连锁经营？
2. 连锁经营的主要特点是什么？
3. 连锁经营有哪几种类型？
4. 直营连锁同特许连锁、自由连锁的主要区别是什么？

模块六　货品管理

任务1　订货、发货与退货管理

知识目标

- ➢明确订货、发货与退货的基本流程
- ➢掌握订单流程的控制方法
- ➢掌握订单报价的基本内容

能力目标

- ➢能够制作订单报价
- ➢能够处理订单流程

任务引入

张明刚从某大学市场营销专业毕业，被一家大型白酒生产企业YH公司销售部录用，专门负责管理区域经销商A公司的订货、发货和退货工作。

某天，张明接到A公司发来的订货传真，要求订购T系列白酒100箱，必须第二天发货，因为A公司需要第二天把货交给一个大客户，非常紧急。张明十分高兴，终于接到第一批订单了，兴奋之余，并未考虑过多的订单处理细节，心想公司仓库存货非常多，马上发货都可以，于是他不假思索地答应了A公司的发货要求。回复完A公司的传真，张明开始安排发货。但发货过程却处处碰壁：一是仓库管理人员告诉他该系列产品目前只有65箱库存，新货最迟3天后才能入库，而且没有销售部经理、财务部经理审核签字的发货单，任何人都不能提货；二是销售部经理告诉他根据A公司的信用等级，必须预先支付70%的货款才能发货，余款货到结清；三是物流公司告诉他最近没有到A公司所在城市的专车，至少需要2天后才有专车，如果必须专门安排的话，运费需增加40%。显然客户不能接受额外增加的价格，张明万般无奈，只好非常抱歉地致电A公司，告知其无法满足他们的发货要求。A公司非常恼火，决定与YH公司中断合作。

由于犯了重大错误，张明受到上司严厉的批评。他深刻体会到工作并非想象中那样简单，要想脚踏实地地做好基础工作，当务之急便是弄清楚从接受订单、发货、开发票、付款到退货整个流程的管理工作。

任务分析

订货、发货与退货流程都属于订单管理过程。由于订单管理涉及的部门多、内容复杂、流程长，在订单履行过程中容易出现部门间相互推卸责任、管理控制不力等情况，使得订单履行质量下降，客户服务质量降低，影响客户满意度，进而影响公司的销售和品牌形象。由此可见订单管理非常重要，是销售管理中最重要的基础工作。

要做好订单管理，必须了解相关的订单知识，必须对订单的报价方式、订单管理的基本流程、退换货制度及客户的订货决策等知识有充分的认识和深刻的体会，才能正确处理好订单履行过程中的许多细节。

相关知识

一、订单管理

货品管理主要是对实体货品在生产企业与经销商之间的转移、存储、销售、展示等活动的管理，订单管理主要是处理货品在生产企业与销售企业之间的流动问题。

订单管理涉及诸多部门，既有企业外部的部门，如客户销售部门、客户仓储部门、专业物流公司等，也有内部各个部门，如销售部、财务部、生产部、质检部、仓储部等，订单必须依靠这些部门共同协作才能完成。各个部门既相互分工，又相互合作，分别负责订单交付的不同环节。负责整个订单的销售人员，除了做好属于自己的订单履行工作外，还必须协调好各个部门的关系，确认各个部门的订单履行能力、履行时间、履行质量，并做好与客户的沟通工作，确保订单按时、按质、按量交付客户，确保销售回款及时到位。

订单管理涉及的内容复杂，每一项内容都关系到订单的交付质量。销售部门负责的内容包括收集客户的基本信息，如客户地址、电话、联系人、负责人、信用等级等，确定订单内容，如订购商品的数量、质量要求、交货时间及地点、付款条件、退货与换货条件等；财务部门负责的内容包括收款、开发票、确定信用等级等；仓储部门负责的内容包括货品的入库、发货出库、退换货等；物流部门负责的内容包括货品运输、运输单据确认等；质检部门负责的内容包括订单货品的质量检验并出具质量检验报告等；生产部门负责的内容包括订单货品的生产，并保证按时、按量、按质办理入库手续。

二、订单的报价方式

企业在制定产品价格政策时，往往只能制定一种非常宽泛的价格策略，在具体的订单执行过程中，由于客户需求千差万别、产品构成复杂多变，必须根据具体情况调整订单报价。

报价是一个与客户就具体的产品、服务内容进行沟通，并达成一致的过程。了解客户的需求是订单报价的前提，需求不同，报价方式也不同。明确的报价方式与报价内容，对于分清责任、明确任务意义显著。报价方式就是价格的构成形式。

在国际贸易中，由于涉及关税与非关税费用项目，运输方式与条件复杂，保险条款丰富，文化与贸易规则差别巨大，交易双方必须对报价内容进行洽谈，制定严格的、符合规范的书面报价单，国际贸易中有专门的报价方式，国际贸易的报价是专业性很强的工作，本模块不具体讨论这方面内容，只就一般的报价问题进行论述。

要制定恰当的报价方式，必须了解企业产品及服务的价格构成项目，对不同的项目，客户的需求是不同的，也就产生了不同的报价。通常产品及服务的价格构成包括以下项目，见表6—1—1。

表6—1—1　　价格构成项目

序号	项目	说明
1	产品价格	主体产品、零部件类别与档次、包装方式及等级、质量等级等
2	服务费用	是否需要送货、安装、维修等服务项目
3	运输费用	运输类型、运输距离、交货地点等
4	保险费用	是否需要保险、保险金额与种类等

产品价格构成项目直接决定了基本的报价水平，但具体的报价还需要明确以下内容。

1. 税收种类与税率

税率低则报价低，反之则高。

2. 付款方式

信用付款报价最高，票据付款其次，现金付款最低。

3. 折扣政策

大客户、老客户通常享有较高的折扣率，报价较低，新客户、小客户报价较高。

4. 信用等级

信用等级高的客户报价低，反之则高。

5. 退换货比例

允许退换的货品比例越高则报价越高，反之则低。

6. 所需的服务水平

客户要求提供的广告支持、物流与仓储服务等要求越高，报价越高，反之则越低。

以上项目决定了企业提供的产品与服务水平，也就决定了最终的报价水平与报价方式。销售人员在报价前必须与客户进行充分沟通，达成一致意见，然后通过合同或报价单的形式予以确定，才能进入订单管理的其他流程。

根据产品的复杂程度、提供服务的标准程度不同，通常有两种具体的报价方式：

第一种，为了便于管理，对那些产品与服务简单，不容易引起争议的商品，忽略客户对产品或服务的需求差异以及其他条件的差异，采用统一的报价方式。

第二种，对产品及服务非常复杂，如大型设备、工程等采用清单报价方式更容易与客户达成一致，减少争议。对不同的客户需求、不同的服务内容、不同的客户性质采用不同的报价清单。

三、订单管理流程

订单报价确定了提供货品的标准与客户付款的标准，以及买卖双方的权利与义务，订单报价确定后就进入了订单交付流程。订单管理的流程复杂，涉及各个部门，订单流程是否有效，关系到订单交付时间、交付质量、客户的满意度，以及企业品牌形象，因此，必须对订单履行过程中的每个环节进行有效管理。

1. 订单管理的基本流程

订单流程是指从确认客户对产品或服务的需求到完成交付产品或服务的全部过程。一个基本的订单流程包括订单确认、订单审核、订单生产、订单检验、订单入库、发票开具、付款确认、订单发货、订单退换等，见表6—1—2。

表6—1—2　订单流程管理

订单流程	责任部门	基本内容
订单确认	销售部	确定客户信息、报价方式、付款方式、订单等
订单审核	各部门	财务部审核客户信用、资金安排、价格可行性等，生产部审核生产进度、交货时间可行性、技术可行性等，采购部审核供应可行性等
订单生产	生产部	生产产品，保证按订单规定的数量、质量和时间交货
订单检验	质检部	检验订单货品，保证订单货品质量
订单入库	仓储部	检验合格的货品分类入库，保证安全存放
发票开具	财务部	销售人员根据客户付款意愿，请财务部开具发票，并送达客户，确认销售收入
付款确认		销售人员收到客户付款，交财务部记账确认
订单发货	仓储部 运输部	仓储部根据财务部及销售部签发的发货单发货，发货单交运输部随货品交客户签字确认
订单退换	各部门	根据退换货制度，财务部办理退换货结算，运输部办理退货回运，仓储部办理退货入库

2. 订单流程设计和控制

订单流程设计的目标是快速反应客户的需求，应尽量简化订单流程的环节。企业应对现有订单流程进行检查，减少不必要的、重复的环节，设计新的、快速反应的订单流程。

订单流程控制包括控制订单的运行状态和确定各部门在订单流程中的责任。流程控制实际上就是监控货品实物交付及货款收回的过程，订单的状态成为销售人员必须关注的重点，它关系到订单交付的效果。订单流程的状态包括订单所处部门、订单货品数量、订单货品质量和订单到期时间。订单流程控制通过订单业务流转卡进行管理，订单业务流转卡用来详细记载订单在各部门的完成情况，各部门负责人通过在订单业务流转卡上签字来确认订单状态，确认是否进入下一流程，并以此明确各自责任。

随着计算机技术的发展，流程控制环节大多通过企业内部系统在线上进行实施。

四、发货管理

商品发货是指存货的领用、消耗或交运至客户并过账的过程。发货管理在整个订单管理流程中占据重要位置，是与客户关联密切的流程，是订单由企业内部转向外部的流程，需要与企业外部的客户、物流企业、保险公司沟通，涉及与企业外部组织的权责关系，涉及货品实体的转移与交付。在货品由企业内部转移到企业外部的过程中，控制发货流程、明确各组织的权利与义务是发货流程的关键所在。

1. 发货流程

发货流程是指发货的主要运行环节及其顺序，表明了货品实体的实际运行状态和相应的权利转移过程。发货流程的目标在于实现按照订单规定的货品数量、货品配置、货品质量及交付时间、交付地点，将货品安全地交付给客户，同时确保企业销售资金的正常回收。基本的发货流程管理见表 6—1—3。

表 6—1—3　　发货流程管理

发货流程	责任部门	基本操作
制作发货单	销售部	根据客户订单制作发货单，记载发货的数量、时间、交货地点、联系人、承运人及其联系方式等信息
审核发货单	各部门	销售部负责人审核发货单基本信息，财务部审核客户信用及订单付款情况，仓库确认订单货品是否已经入库
发送发货单	销售部	销售部将各部门审核后的发货单发送给财务部记账，发送给客户或运输单位提货，销售部留存备案
提　货	运输单位 仓　库	运输单位或客户凭审核后的发货单到仓库提货，仓库核查后发货，并请运输单位签字确认
收货确认	运输单位 客　户	货品运到客户，运输单位与客户交货验收，客户在发货单上签字确认，运输单位凭客户签字确认的发货单返回销售部核销

2. 发货流程的控制

发货流程的控制主要通过发货单进行，发货单是记录和监控发货状态的管理工具，终伴随货品实体的转移而转移。通过发货单的签收，可以明确各部门的责任与权利。各部门应按照自己的权限和义务审核发货单，如符合自己要求的发货单则签字确认，否则拒绝签字。发货单只在企业内部流转，若需要在企业外部流转时，通常需要将发货单转换为提货单发送给物流企业及客户，为方便起见，本流程将发货单与提货单合并为一。

五、退货管理

由于某些原因，客户会将货品退回，例如，销售合同规定的正常的退换货、由于货品质量问题导致的退换货等。退货实际上是货品的逆向流动，即货品由消费者或渠道向生产企业的转移。退货关系到客户和企业的责任、利益以及双方的正常商业关系，因此，退货管理意义重大，是客户服务的重要组成部分。

退货管理是对退货流程的管理，包括流程设计和流程控制。退货流程设计与发货流程、订单流程的要求基本相同，而退货流程的控制主要通过退货单的管理来实现。基本的退货流程管理见表 6—1—4。

表 6—1—4　　退货流程管理

退货流程	责任部门	基本操作
制作退货单	销售部	销售部接到客户的退货请求，根据原订单制作退货单，载明退货商品的数量、种类、退货原因等信息
审核退货单	销售部 财务部	销售部负责人审核退货单基本信息，确认退货条件，财务部审核退货金额
发送退货单	销售部	销售部将审核后的退货单发送给运输单位和客户，销售部留存备案
退货运回	运输单位 客户	运输单位与客户进行退货交验，并在退货单上签字确认
退货检验	质检部	货品返回企业后，质检部进行检验，填写检验单
退货入库	仓库	根据检验单和退货单办理入库
退货结算	财务部 销售部	财务部根据退货单和入库单核算退货金额，销售部办理与客户的退货款项交接

任务实施

明确了订货、发货与退货管理的任务，理解了订单管理的基本知识和流程，就可以实施订单管理任务了。

一、接受订单的程序

在接到订货传真之后，张明首先应该对订单所购物品进行报价，若双方对价格没有异议，才能提交发货单，即进入订单发货环节；其次，发货单发出以后，要经过库房核实有货后，交付运输，即进入订单交运环节；再次，等货品运送到位后进入订单结算环节；最后，如果对方因某种原因要求退换货，张明还应该处理退换货事宜。整个过程如图 6—1—1 所示。在每个流程中，需要通过相关的记录文件的审核、签字来实现对流程的控制。

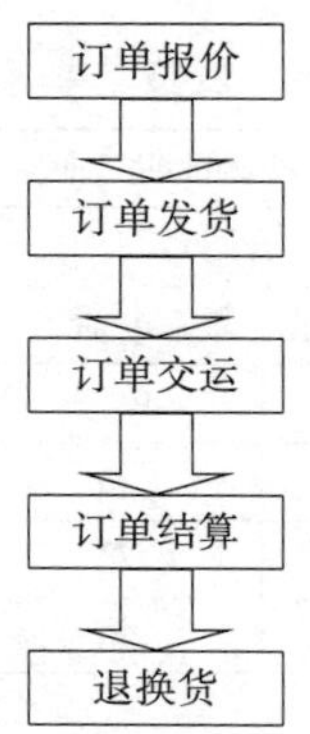

图 6—1—1　订单报价、发货与退货的正常流程

二、过程控制单据

在管理流程的执行过程中需要利用记录来详细记载执行的具体情况，控制流程的执行质量与进度。报价单实现向客户报价的记录和控制，发货单控制发货流程，交运单明确货品在

企业与客户之间的转移责任，退换货申请单记录退换货环节的情况。

下面为A公司从订货、发货到退货过程中的相关单据。

1. 报价单

在张明收到A公司要订购T系列白酒的订货传真时，必须根据公司指定的产品价目表进行报价，同时，还需要了解公司的信用政策、折扣政策、税率等，给出一份完整的报价单，见表6—1—5。报价单必须由销售部经理、销售助理签字才能生效。

表6—1—5　报价单　　金额：元

报价单号	17—10—00001		报价日期		2017/10/18		
客户名称	南京××有限公司		地址、联系电话		南京市××路××号，0××—××××××××		
信用等级	A		客户性质		经销商		
项目	序号	品名	规格	单位	数量	单价	金额
产品	1	T1	45°	箱	20	600.00	12 000.00
	2	T1	52°	箱	50	720.00	36 000.00
	3	T2	45°	箱	30	900.00	27 000.00
运费	4	500.00					
保险费	5	120.00					
服务费	6	0.00					
合计金额	柒万　伍仟　陆佰　贰拾　零元　零角　零分（¥75 620.00）						
备注							
销售助理	张明（签字）	销售部经理	邓敏（签字）	总经理	（签字）		

2. 发货单

在确定报价时，张明还需要跟对方大致沟通一下本公司的物流环节以及到货时间，确定对方能够接受后才能发货。发货单需要销售助理、销售部经理、财务部经理和仓储部经理共同签字才能生效，见表6—1—6。

表6—1—6　发货单

发货单号	17—10—00001		发货日期		2017/10/20		
订单号	17—10—0020		合同号		17—10—0036		
客户名称	南京××有限公司		地址、联系电话		南京市××路××号，0××—××××××××		
项目	序号	品名	规格	单位	数量	库区	货架
产品	1	T1	45°	箱	20	KQ—002	03
	2	T1	52°	箱	50	KQ—005	12
	3	T2	45°	箱	30	KQ—012	11
合计	4	100（箱）					
备注							
销售助理	张明（签字）						
销售部经理	邓敏（签字）						
财务部经理	李贤亮（签字）						
仓储部经理	王贵发（签字）						

3. 交运单

货物从仓库提出后，就需要交给运输部门。这时，张明需要确认公司与运输部门的权责关系，保证货品能够安全、及时地交到客户手里，这就需要通过交运单进行确认，交运单见表 6—1—7。交运单需要发货人、销售助理、销售部经理、仓储部经理签字，承运人盖章方可生效，承运人将货品运到客户处后必须请客户签字确认后才能将单据交回公司。

表 6—1—7　　交运单

交运单号	07—10—00012		交运日期		2017/10/25		
客户名称	南京××有限公司		地址、联系电话		南京市××路××号，0××—××××××××		
运输单位	江苏××快运有限公司		车号、联系电话		苏××××××，0××—××××××××		
项目	序号	品名	规格	单位	数量	包装方式	
产品	1	T1	45°	箱	20	纸箱	
	2	T1	52°	箱	50	纸箱	
	3	T2	45°	箱	30	纸箱	
合计	4	100（箱）					
承运人	江苏××快运有限公司（盖章）		仓储部经理		王贵发（签字）		
发货人	谭建设（签字）		销售部经理		邓敏（签字）		
销售助理	张明（签字）		客户签收		钱红（签字）		

4. 退换货申请单

客户需要退换货时，需要按照正式程序方可进行，否则发生的货品及款项无法核对。确认货品从客户处流回公司的权益凭证是退换货申请单，退换货申请单见表 6—1—8。退换货申请单需要财务部经理、销售部经理和销售助理签字，客户盖章才能生效。

表 6—1—8　　退换货申请单

退货单号	17—10—0012		退货日期		2017/10/30	
客户名称	南京××有限公司		地址、联系电话		南京市××路××号，0××—××××××××	
原订单号	17—10—0020		原合同号		17—10—0036	
项目	序号	品名	规格	单位	退货数量	退货金额（元）
产品	1	T1	45°	箱	1	600.00
	2	T1	52°	箱	1	720.00
	3	T2	45°	箱	2	1 800.00
合计	4	¥3 120.00				
备注						
销售助理	张明（签字）		销售部经理		邓敏（签字）	
财务部经理	李贤亮（签字）		客户		南京××有限公司（盖章）	

思考与练习

1. 如何实现订单流程的控制，保证订单顺利履行？

2. 发货、退货管理过程中如何实现货品在生产企业、物流单位及客户之间的所有权、管理权的转移与控制？

3. 退货过程中如何办理结算？

任务2　窜货管理

知识目标

- 了解窜货的内涵与表现形式
- 了解窜货的原因与危害

能力目标

- 能够制定有效治理窜货的对策

一天，张明突然接到A地区经销商的电话，电话中那位经销商怒斥张明擅自增加在本区域的经销商，现在区域内有其他公司销售YH公司产品，且价格更便宜，导致该经销商销售量下降。张明告诉那位经销商，YH公司并没有在该区域增加新的经销商。但为什么会出现这种情况呢？张明决定查明原因。

经过充分的调查了解，张明终于弄清了事情真相。由于公司产品利润高，在A地区销售量非常好。而在B地区，由于YH公司刚刚进入，市场建立才起步，公司产品知名度并不高，B地区经销商发现这样下去很难完成与YH公司签订的经销商合同任务，为了完成任务，再加上发现A地区的利润空间比B地区大，而且销售量非常好，B地区经销商利用市场开拓初期YH给予的价格优惠政策，将货品以低于A地区经销商的销售价格销往了A地区的终端。A地区的终端由于能够以更低的价格从B地区经销商处进货，所以减少了从本地经销商进货的数量。

张明该如何解决这次严重的窜货问题呢？在日后的经营管理过程中，又该如何快速、准确地发现窜货问题呢？

任务分析

引起窜货的原因是多方面的，但最根本的原因在于地区之间存在价格差，价格差导致货品跨区域流动，当货品在不同地区的价格差达到一定程度时，窜货就必然出现。

要想解决这次窜货问题，首先要掌握窜货的概念和治理窜货的对策。另外，为了预防未来窜货情况的发生，还要熟悉窜货的各种不同的表现形式，了解窜货的危害和原因，这样才能更加有效地控制窜货现象的发生。

一、窜货的概念及其表现形式

窜货是指企业的货品跨区域、跨渠道销售的行为。通常情况下，经销商只能在属于自己的销售区域销售货品，但由于许多原因使经销商违规向其他区域销售货品，当货品跨越区域销售时就发生了所谓的“窜货”现象。

根据窜货的表现形式及其影响程度，可以把窜货分为自然性窜货、良性窜货和恶性窜货。

自然性窜货是指经销商在获取正常利润的同时，无意中向自己辖区以外的市场倾销产品的行为。这种窜货不可避免，只要有市场的分割，就会有这类窜货。它主要表现为相邻辖区的边界附近互相窜货，或是在流通型市场上，产品随物流走向而倾销到其他地区。

良性窜货是指企业在市场开发初期，选中了流通性较强的市场中的经销商，使其产品流向非重要经营区域或空白市场的现象。在市场经营初期，良性窜货对企业有好处，它能够提高其在空白市场的知名度，增加销售量。

恶性窜货是指经销商为获取非正常利润，蓄意向自己辖区以外的市场倾销产品的行为。恶性窜货最常用的方法是降价销售，它给企业造成的危害是巨大的，会扰乱经销网络的价格体系，降低渠道利润，使经销商对产品失去信心。

最恶劣的窜货现象是经销商销售假冒伪劣产品。经销商将假冒伪劣产品与正规渠道的产品混在一起销售，掠夺合法产品的市场份额，或直接以低于市场价的价格进行倾销，打击了其他经销商对品牌的信心。

二、窜货的原因

资本的本质在于其逐利性，表现在商业领域，体现为哪里存在足够有吸引力的价格差，哪里就会吸引资本流动。货品是资本的载体，当渠道间存在足够大的价格差时，跨渠道的货品流动就会发生。窜货的根本原因在于渠道价格差，具体的原因有许多，主要有以下几种。

1. 多渠道共存

由于历史原因，许多企业渠道复杂，多种渠道共存，原来渠道的货品流向新渠道，形成窜货。企业销售渠道层次过多，对渠道的控制力就会减弱，渠道内各分销商相互向其下属分销商销售货品，从而造成市场混乱。

2. 企业销售政策存在漏洞

有些企业为了激励经销商更多地销售本企业的货品，制定了销售奖励政策，如经销商达到企业规定的销售量指标，可以获得一定比例的返利，销售量越大，返利比例越大。由于各区域经销商的销售量任务指标不同，获得的返利比例也不同，实际上相当于获得了不同的供货价格优惠，这就为销售量大的经销商提供了窜货空间。

3. 运输成本不同，造成窜货空间

有的经销商离供货点近，运输成本低；有的经销商地理位置上靠另一个辖区的供货点更

近，提货更方便；有的经销商自己提供货品运输，顺便就从靠自己更近的其他辖区提货点带货，这也是发生窜货的主要原因。

4. 销售人员受利益驱使鼓动经销商窜货

销售人员的收入始终是与销售业绩联系的，一些销售人员为了自己多拿奖金，不顾企业的销售政策，鼓动自己管理的经销商违规操作，向其他区域发货；有的销售人员嫉妒企业中其他人员奖金比自己多，擅自让自己管理的经销商向他人管理的区域窜货，以达到破坏该地区正常销售秩序、引起经销商抱怨、降低他人销售业绩的目的；有的销售人员无视职业道德，已经决定离职了，临走前与经销商达成默契，以种种理由取得企业的支持，然后向其他地区抛售货品，引起区域冲突。

5. 市场区域成熟度存在差异

生产企业的市场开发过程中，往往会产生市场发展不平衡，形成不同区域市场成熟度差异现象。不成熟市场的经销商为了完成销售指标经常向邻近的成熟区域市场窜货。

6. 同一层次的经销商数量过多

同一层次的经销商数量过多，每个经销商的销售区域过于狭窄，不能满足经销商追求销量最大化的需求，经销商受利益驱动，往往违背经销政策，突破自己的经销区域向其他区域窜货。

7. 竞争对手恶意破坏市场

竞争对手可能策划、鼓动经销商进行窜货。在生产企业变换经销商或对经销商的支持力度不够、满足不了经销商需求时，经销商为报复生产企业，往往会恶意破坏市场，进行恶性窜货。

三、窜货的其他表现形式

窜货有许多表现形式，除了由经销商引起的窜货，还有生产企业营销总部造成的，以及生产企业地区分公司或办事处为了完成销售指标而造成的窜货，但最恶劣的窜货还是经销商窜货，造成的危害也最大。

1. 生产企业窜货

生产企业窜货是指企业营销总部绕过区域组织，直接向关系客户提供优惠货品，受现款提货的诱惑而发货，从而引起窜货。引起生产企业窜货的原因是销售政策存在盲目性和随意性，由于过分追求销售量而不顾政策的稳定性而出现随意销售的行为。

2. 生产企业区域分公司或办事处之间的窜货

这种窜货与生产企业窜货类似，一个属于总部窜货，另一个属于分部窜货。实力强大的企业通常在各区域分派销售人员组建分公司。分公司相对独立，最大利益在于所辖区域的销售指标。为了完成销售指标，往往将货品销售给销售需求更大的兄弟分公司，从而造成窜货。

四、窜货的危害

窜货，特别是恶性窜货将对企业的发展造成重大影响，具有极大的危害性，甚至会影响企业的生存。一般而言，窜货现象严重的话，会造成企业价格体系混乱，进而造成品牌形象的破坏。窜货的主要危害有以下几个方面。

1. 打击经销商对企业品牌的信心

窜货会使企业的渠道价格体系遭到破坏，即乱价。中间商销售某个品牌产品直接的动力是利润，一旦企业产品价格体系紊乱，中间商的利润就可能降低，持续获得利润的愿望也会落空，利润的减少会使中间商失去对企业品牌的信心，进而出现拒绝销售的现象。

2. 假冒伪劣产品乘虚而入

经销商为了追求更高的利润，往往置企业信誉和法律于不顾，在超低价格和巨额利润的诱惑下铤而走险，将假冒伪劣产品与正规产品混合销售，获取超额利润。

3. 消费者对企业品牌产生质疑

由于窜货引发的假冒伪劣产品横行现象，区域价格差可能达到非常大的程度，使得消费者很难分辨真假产品。消费者由于惧怕买到假货便尽量避免选择窜货品牌的产品，转而购买其他品牌产品，使得企业品牌形象受到严重损害。

4. 严重破坏企业销售网络

销售网络实际上是生产企业与中间商之间通过信用关系形成的利益共同体，两者之间通过渠道价格差形成利润分配机制，使得每个层次、每个环节都能通过销售产品获得利润。一旦发生窜货现象，销售网络的利益分配方式必然发生改变，级差价格体系遭到破坏，渠道利益受到损失，最终破坏整个销售网络。

五、治理窜货的对策

由于窜货具有极大的破坏性，因此，必须对窜货进行有效的管理，制定有效的窜货治理对策。通常有以下几类治理窜货的对策。

1. 奖励对策

窜货都是在利益的驱使下才发生的，如果能给没有窜货的经销商或检举揭发窜货行为的经销商一定的奖励，则一定程度上可以降低窜货现象的发生。奖励可以是直接的经济利益，比如，提供更高的返利比例、更优厚的供货价格等；也可以是一定的市场特权，如给予地区独家经销的权利；还可以给予一定的市场支持，如提供更好的退换货服务，给予区域市场广告支持等。

2. 处罚对策

对窜货行为及时进行处罚也能降低窜货现象发生。如果处罚带来的损失大于窜货可能带来的利益，窜货主体就会评估窜货的后果，进而做出是否窜货的决定。在大力度的处罚面前，窜货行为必将减少。

处罚包括对经销商的处罚和对企业销售人员的处罚。对经销商的处罚措施包括经济处罚和非经济处罚，经济处罚包括罚款、降低返利比例、提高供货价格等，非经济处罚包括取消经销权利、暂停供货、取消市场支持等措施。对企业销售人员的处罚措施也包括经济处罚和非经济处罚两类，经济处罚包括扣奖金、降低奖金等级、取消提成比例与年终分红等，非经济处罚包括降职、撤职、调离、处分、批评等。

3. 管理对策

（1）建立区域货品标识

鉴别窜货的难题之一是如何确定货品的正常销售区域，以便及时发现窜货行为，从而阻止窜货发生。解决的办法是生产企业对销往不同区域的货品进行标识，例如采取给予不同的编码、设计不同的包装风格等措施，从而及时有效地发现和识别窜货。

（2）制定合理价格政策

价格体系尽可能做到同一层次所有区域一致，重要市场采取其他措施进行支持。价格级差控制在合理的范围内，不同渠道层次间的价格级差过大，往往会引发窜货。尽可能维持统一的出厂价和零售价，强力维护价格体系，对乱价行为给予有力处罚。

（3）制定合理的目标任务

合理的销售目标经过努力可能达到，不切实际的目标只会使销售人员及经销商采取极端措施去实现，所谓极端措施主要是窜货。因此，要制定合理的目标任务，避免窜货现象的发生。

任务实施

为了应对窜货带来的危害，张明决定采用以下方法治理窜货。

1. 设立合理的区域进销差价

提高 B 区域的进货价格，使 B 区域经销商将货销到 A 区域将无利可图或利益很小，从而消除 B 区域经销商的窜货动机。

2. 建立年终返利制度

如果无利可图，进价又高于 A 区域，B 区域经销商将缺乏销售动力。这时候就应该答应 B 区域经销商，如果完成销售并且无扰乱市场的行为，年终将给予与 A 区域同样的进货价格的返利。

3. 建立货品标识

YH 公司在销往不同区域的货品上标注“YH 公司××区域特供产品”等字样，严防跨区域销售。

4. 设立举报制度

鼓励经销商之间相互举报窜货行为，并给予举报者奖励。

5. 加强市场巡视

定期进行市场巡视，及时发现窜货现象，严格执行处罚与激励措施。

思考与练习

1. 窜货的主要原因是什么？
2. 窜货可能给企业带来哪些危害？
3. 治理窜货的常见对策有哪些？

模块七　客户管理

任务 1　客户关系管理

知识目标

- 了解客户关系管理的基本内容和原则
- 掌握客户关系管理中客户分析的方法及程序
- 掌握提高客户忠诚度的策略

能力目标

- 能够运用恰当的策略提高客户忠诚度

任务引入

M 公司生产甲、乙、丙三种润滑油，小赵是 M 公司的一个大区经理，在他负责的区域，主要有 A、B、C、D 四个大客户。小赵对本季度三种润滑油的销售构成进行分析，销售量统计见表 7—1—1。

表 7—1—1　　M 公司销售量统计　　单位：万元

润滑油 客户	甲	乙	丙
A	80	70	20
B	50	60	40
C	90	120	60
D	30	50	70

M 公司要求各大区经理对大客户关系进行深入分析，小赵首先分别统计了四个大客户的销售量，然后分析不同客户商品销售的倾向及存在的问题和对策。

请根据给出的销售数据，对甲、乙、丙三种润滑油的销售构成进行分析，并分析确定 A、B、C、D 四个大客户中“最具价值”的客户和“最具成长性”的客户。

任务分析

客户关系管理是销售人员的重要职责之一，要做好这项工作，首先要认识客户，通过对客户进行科学而有效的分析与管理，并对客户进行适当的区分，销售人员可以从中了解客户的需求状况及其发展趋势，从而对市场需求做出正确的判断，同时采取相应的对策满足客户的需要，与客户进行良性互动，真正做到以客户为中心，提升企业的销售业绩。

相关知识

一、客户关系管理的内容

客户关系管理（CRM，Customer Relationship Management）的对象是客户，为赢得客户的高度满意，建立与客户长期的良好关系，在客户管理中应开展多方面的工作。

1. 客户分析与识别

客户关系管理的目的不是对所有与企业发生关系的客户都一视同仁，而是从这些客户中识别哪些是主力客户，哪些是一般客户、零散客户，然后有针对性地提供合适的服务，提高客户的满意度。所以 CRM 首先就是要分析客户差异对企业利润的影响。

对客户差异化的分析，可采用 RFM 模型。

R—Recent，客户最近一次购买的情况。对客户最近一次购买情况的信息进行收集和跟踪，用以分析客户在沟通之后是否能够持续购买，从而了解客户对企业提供的即时产品和服务是否有所反应。

F—Frequent，购买频率。购买频率即客户在测试期间的购买次数，高购买频率意味着更大的市场号召力。如果将该客户购买频率与最近一次购买情况和购买金额相参照，就能准确判断一定区域和时期内的一般客户和主力客户，使企业的营销策略更有针对性。

M—Monetary，花费金额。花费金额能够为企业提供客户在一定时期的需求量信息。如果将该信息与其他信息相参照，就可以准确预测一定时期、一定区域内的销售量、市场占有率等信息。从花费金额中确定哪些人的需求量大、需求量大的原因是什么等，这些信息为供应链上的企业生产、采购提供依据。

2. 企业对客户的承诺

企业承诺的目的在于明确企业提供什么样的产品和服务。在购买产品和服务时，客户总会面临各种各样的风险，包括经济利益、产品功能和质量，以及社会和心理方面的风险等。因此要求企业做出某种承诺，以尽可能降低客户的购买风险，获得最好的购买效果。企业对客户承诺的宗旨是使客户满意。

3. 与客户的信息交流

企业与客户的信息交流是一种双向的信息交流，其主要功能是实现双方的互相联系、互相影响。从本质上说，客户管理过程就是企业与客户信息交流的过程，实现有效的信息交流是建立和保持企业与客户良好关系的基础。随着互联网技术的发展、通信成本的降低，企业收集、整理、加工和利用客户信息的质量大大提高。

4. 以良好的关系留住客户

为了建立和保持与客户长期稳定的关系，首先需要良好的基础，即取得客户的信任，同时要区别不同类型的客户关系及其特征，并经常进行客户关系情况分析，评价客户关系的质量，保持企业与客户长期友好的关系。

5. 客户反馈管理

客户反馈对于衡量企业所承诺目标的实现程度、及时发现在为客户服务过程中的问题等方面具有重要作用。投诉是客户反馈的主要途径，如何正确处理客户的意见和投诉，对于消除客户不满、维护客户利益、赢得客户信任是十分重要的。

二、客户关系管理的实施

1. 收集客户信息， 建立客户档案

为了控制资金回收，必须考核客户的信誉，对每个客户建立信用记录，规定销售限额，对新老客户、长期或临时客户的优惠条件也应有所不同。

客户档案一般应包括以下三方面的内容：

（1）客户原始记录

客户原始记录即有关客户的基础性资料，它往往也是企业获得的第一手资料。一般包括以下内容：客户代码、名称、地址、邮政编码、联系人、电话号码、银行账号、使用货币、报价记录、优惠条件、付款条款、税则、付款信用记录、销售限额、交货地、发票寄往地、企业对口销售人员号码、佣金号码、客户类型等。

（2）统计分析资料

统计分析资料主要是指通过客户调查分析得到的或向信息咨询企业购买的第二手资料，包括客户对企业的态度和评价、履行合同情况与存在问题、信用情况、与竞争者交易情况、需求特征和潜力等。

（3）企业投入记录

企业投入记录包括企业与客户进行联系的时间、地点、方式（如访问、打电话等）和费用开支，企业给予哪些优惠（如折扣、购物券等），企业提供产品和服务的记录，企业的合作与支持行动（如共同开发研制为客户产品配套的零配件、联合广告等），为争取和保持每个客户所做的其他努力和费用等。

以上是客户档案的一般性内容。要注意，无论企业自己收集资料还是向咨询业购买资料，都需要一定的费用。所以，客户档案应设置哪些内容，不仅取决于客户管理的对象和目的，而且也受企业费用开支和收集信息能力的限制。

2. 了解客户的需求

企业通过建立一种实时的客户信息监测系统，将客户信息和服务融入企业的运行中，从而有效地在企业内部，尤其是在销售部门和生产部门之间传递客户信息。

企业经常会发现不同的客户存在不同的服务要求，大客户允许较长的供货期，而小企业则要求在一两天内必须供货。根据客户需求，企业可以建立大型分销中心和产品快速供应中心，将销售、订单处理和管理集中在一起，将客户服务和销售结合在一起，建立一个既提高服务又降低成本的系统。

3. 获知客户的喜好和需要，并采取适当行动，让客户满意，培养客户的忠诚度

客户满意度是可感知效果和期望值之间差异的函数，如果可感知效果超过期望，客户就会感到高兴或欣喜，客户满意度就高。例如，在客户为亲人订购生日蛋糕后，销售人员于次年生日来临之前对客户进行提醒，给客户惊喜的感受。争取新客户的成本要远远超过保留客户的成本，因此，可以通过提供超过客户期望的服务，将企业的一般客户发展为忠实客户，以节省成本。随着客户和企业间往来的不断增加，客户的个别需求和偏好将会变得更加详细明了。

三、客户关系管理的原则

1. 动态管理原则

客户关系管理（CRM）系统建立后，如果置之不理，就会失去它的意义。因为客户的情况是不断发生变化的，所以客户的资料也要不断地加以更新和调整。剔除过时的或已经变更的资料，及时补充新的资料，对客户的变化进行跟踪，使客户管理保持动态性。

2. 突出重点原则

客户的相关资料数量很多，销售人员要透过这些资料找出重点客户的重点资料。重点客户不仅包括现有的客户，而且还应包括未来客户或潜在客户。这些资料会为企业选择新客户、开拓新市场提供必要的帮助。

3. 灵活运用原则

收集并管理客户资料，目的是在销售管理过程中加以运用。所以，在建立客户档案及客户数据库之后，不能束之高阁，要以灵活的方式，将客户档案及时、全面地提供给销售人员及其他有关人员，为其决策提供依据，以提高客户管理的效率。

4. 专人负责原则

客户资料都是保密的，不宜流出企业，尤其不能落入竞争者之手，只能供企业内部人员使用。所以，客户关系管理应规定明确的管理办法，客户管理系统应由专人负责，严格审查客户资料的使用和借阅资格。

四、客户分析与组合策略

进行客户管理，不仅要对客户资料进行收集，而且要对客户进行多方面的分析。分析客户及其给企业带来的影响，以便找出不同类型的客户。当确知某些客户会比其他客户给企业带来的影响更大时，企业就应该选择一种合适的方式，以使用有限的资源对其进行更加有效的服务。

1. 客户分析方法及程序

（1）客户构成分析

1）将自己负责的客户按不同的方式进行划分，如可以分为批发店、零售店、代理店、特约店、连锁店、专营店等。

2）小计各分类客户的销售额。

3）合计各分类客户的总销售额。

4）计算各客户销售额在分类销售额中所占的比重及在总销售额中所占的比重。

5）运用 ABC 分析法将客户分为三类：A 类客户为企业的重点客户，占企业总销售额的 80%左右；B 类客户为企业的潜力客户，占企业总销售额的 15%左右；C 类客户为企业的小客户，占企业总销售额的 5%左右。

（2）客户与企业的交易业绩分析

1）掌握各客户的月交易额或年交易额。

2）统计各客户与企业的月交易额或年交易额。

3）计算出与各客户的交易额占企业总销售额的比重。

4）检查该比重是否达到了企业所期望的水平。

（3）不同产品的销售构成分析

1）将自己对客户销售的各种产品按销售额由高到低排列。

2）合计所有产品的累计销售额。

3）计算各种产品销售额占累计销售额的比重。

4）检查是否完成企业所期望的产品销售任务。

5）分析不同客户产品销售的倾向及存在的问题，检查销售重点是否正确，将畅销产品努力推销给潜力客户，并确定未来产品销售的重点。

（4）不同产品销售毛利率的分析

1）将自己所负责的对客户销售的产品按毛利额大小排序。

2）计算各种产品的销售毛利率。

（5）产品周转率分析

1）核定客户经销产品的库存量。通过对客户的调查，将月初客户拥有的本企业产品库存量和月末客户拥有的本企业产品库存量的总和进行平均，求出平均库存量。

2）将销售额除以平均库存量，得出产品周转率。

（6）交易开始与终止的分析

1）交易开始。企业应制订详细的销售人员客户访问计划，销售人员如果访问客户 5 次以上而无进展，则应将该客户从访问计划表中删除，如果访问成功，则开始交易。开始交易时，销售人员应填写客户交易卡。客户交易卡的主要项目包括客户名称、总部所在地、交易对象所在地、通信地址及电话、开业时间、资本额、职工人数、管理者人数、设备、经营者年龄、信用限度申请额、基本约定、回收条件等。

2）交易中止。在交易过程中，销售人员如发现自己所负责的客户信用状况发生恶化，应及时报告上级主管，采取相应的对策，甚至停止交易。例如，遇到客户的票据或支票被拒付或延期支付时，销售人员要尽一切可能收回货款，将损失降到最低点。如需停止交易，应经销售经理指示后再通知客户。

2. 确定客户组合

按照帕累托的 80/20 法则，企业要按照不同的方式划分出不同的客户类型，对不同的客户采取不同的管理方式。在划分客户的基础上，企业所选择的客户类型也就构成了企业的客户组合。在确定客户组合时，有以下三种策略可供企业选择。

（1）集中策略

集中策略是指企业对市场上所有的客户不加区别地对待，把构成市场的客户群当作一个整体。选择这一策略的前提，是所有的客户都为企业创造相等的价值。企业之所以假设所有的客户给企业创造了相等的价值，是因为鉴别不同客户的价值会花费很大的成本，或者按不同客户的价值选择企业的行动方案会耗费很高的成本。集中策略的客户组合比较适合同质性产品的销售。

（2）区分策略

区分策略是指企业把精力集中于能给企业带来更大收益的特殊的销售区域或者某种类型的客户身上。这样做，需要充分的客户信息资料，以对客户进行有价值的划分。但是，这种做法会导致一部分利益的损失。此外，企业将自己的命运放在了一部分客户的身上，也会使企业销售的风险增大。

（3）个性化策略

个性化策略是指当企业所面对的客户在价值、偏好或者需求上存在很大差异时，企业可以以单个客户为对象，管理其关系组合。个性化策略需要更深入地了解客户信息，而且需要更成熟的联系技术。随着信息技术的改进以及客户模型的完善，企业完全有可能在个体层面上对大量的客户进行管理，实现一对一的销售。

五、客户忠诚度的标准分析

客户忠诚是指客户对某一特定产品或服务产生了好感，形成了偏爱，进而重复购买的一种行为趋势。客户忠诚依其程度深浅，一般可以分为认知忠诚、情感忠诚和行为忠诚三个不同的层次。加强客户管理，提高客户忠诚度，就必须清楚衡量客户忠诚度的标准，以便对症下药。客户忠诚度的衡量标准主要有以下几项内容。

1. 客户的重复购买率

客户对某种产品重复购买的次数越多，说明其对这一产品的忠诚度越高，反之则越低。对于经营多种产品的企业来说，客户重复购买本企业品牌的不同产品，也是对企业忠诚度高的一种表现。

2. 客户对本企业产品、品牌的关心程度

一般情况下，客户对企业的产品和品牌给予关注的次数越多，表明忠诚度越高。应注意关心程度和购买频率并不完全相同，例如某一品牌的专卖店，客户经常光临，但是并不一定每一次都购买产品。

3. 客户需求满足率

客户需求满足率是指在一定时期内客户购买某种产品的数量占其对该类产品或服务全部需求的比例，这个比例越高，表明客户的忠诚度越高。

4. 客户对产品价格的敏感程度

客户对产品价格的敏感程度越低，表明忠诚度越高。客户对产品价格的敏感程度可以通过侧面来了解，比如公司在价格调整之后，客户购买量的变化、其他购买行为的反映等。需要注意的是，忠诚客户对产品价格不敏感，并不是说企业可以利用单独的调价行为来谋取额外的利益。

5. 客户对竞争产品的态度

人们对某一品牌态度的变化，大多数是通过与竞争产品的比较而产生的。客户对竞争者表现出越来越多的偏好，表明其对本企业的忠诚度在下降。

6. 客户对产品的认同度

如果客户经常向其身边的亲属、同事、朋友等推荐企业的产品和服务，或者间接地评价表示认同，说明客户忠诚度较高。

7. 客户购买时间的长短

客户在挑选产品的时候，所用的时间越短，说明忠诚度越高，反之，说明忠诚度越低。

8. 客户对产品质量事故的承受能力

客户忠诚度越高，对于产品出现的质量事故也就越能给予宽容和理解。

9. 客户增加幅度与获取率

客户增加幅度是指新增加的客户数量与现有客户数量之比。客户获取率是指最后实际成为客户的人数占所有争取过的客户的总人数之比。这主要是衡量实施客户忠诚计划后带来的间接效果。

10. 客户流失率

客户流失率的历史记录能显示出谁是最有希望的客户群。流失的客户，说明其对企业的忠诚度低；留下的客户，说明其对企业的忠诚度高。

任务实施

下面对任务引入中提出的任务进行客户销售构成情况分析。

从表7—1—1中给出的数据可以计算出M公司的甲、乙、丙三种润滑油销售构成分析，见表7—1—2。

表7—1—2　　M公司润滑油销售构成分析　　单位：万元

润滑油 客户	甲	乙	丙	合计
A	80	70	20	170
B	50	60	40	150
C	90	120	60	270
D	30	50	70	150
总计	250	300	190	740

1. 甲产品的销售额为250万元，乙产品的销售额为300万元，丙产品的销售额为190万元，因此，按照销售额由高到低排列产品为乙、甲、丙。

其中，甲产品销售额占累计销售额的比重为：

$$\frac{250}{740}\times100\%=33.8\%$$

乙产品销售额占累计销售额的比重为：

$$\frac{300}{740}\times100\%=40.5\%$$

丙产品销售额占累计销售额的比重为：

$$\frac{190}{740}\times100\%=25.7\%$$

2. A 客户的累计销售量为 170 万元，B 客户的累计销售量为 150 万元，C 客户的累计销售量为 270 万元，D 客户的累计销售量为 150 万元。

由以上分析可得，“最具价值”的客户为 C 客户，“最具成长性”的客户为 A 客户。C 客户购买占销售额比重最大的乙产品达 120 万元，这与将畅销产品销售给重点客户的原则是相符的。

下一季度的销售重点应该是在保持 C 客户销售量的同时，努力发掘 A 客户的潜力，并关注 B 客户、D 客户的发展可能。

思考与练习

1. 客户关系管理的主要内容有哪些？
2. 客户关系管理中应遵循什么原则？为什么？
3. 试论述客户分析的方法和程序。
4. 如何提高客户的忠诚度？

任务 2　客户投诉处理

知识目标

- 了解客户投诉的类型
- 掌握客户投诉的处理方法和步骤

能力目标

- 能够提出处理客户投诉的合理建议

任务引入

人民商场珠宝首饰专柜推销员李丹，在 A 客户询问低档首饰时，态度冷漠、爱理不理，而面对有购买高档首饰意向的 B 客户时，则笑容可掬、热情周到。A 客户愤愤不平，遂向该商场投诉。可该商场没有专门的人员管理此事，半个月后，客户仍然没有得到答复。A 客户于是直接找到商场的总经理投诉。那么，总经理该如何处理这次客户投诉事件呢？

任务分析

处理客户投诉是客户关系管理的重要内容。出现客户投诉并不可怕，问题的关键在于如何正确看待和处理客户投诉。一个企业要面对各式各样的客户，每天进行着庞大复杂的销售业务，做到每一项业务都使每一个客户满意是很难的。所以，企业要加强与客户的联系，倾听客户的不满，不断纠正企业在销售过程中出现的失误和错误，补救和挽回给客户带来的损害，维护企业声誉，提高产品形象，为不断巩固老客户、吸引新客户而不懈努力。

相关知识

一、客户投诉的类型

因为企业销售的各环节均有可能出现问题，所以客户投诉的内容可能涉及提供产品及服务过程的各个方面，主要可以归纳为以下几个类型。

1. 产品质量投诉

客户对产品质量问题的投诉，包括产品在质量上的缺陷、规格不符、技术规格超出允许的误差、产品故障等。

2. 购销合同投诉

客户对购销合同问题的投诉，包括产品数量、等级、规格、交货时间、交货地点、结算方式、交易条件等与原购销合同规定不符。

3. 货物运输投诉

客户对货物运输问题的投诉，包括货物在运输途中发生损坏、变质和丢失，以及因包装或装卸不当而造成损失等。

4. 服务投诉

客户对服务的投诉，包括对企业各类人员的服务质量、服务态度、服务方式、服务技巧等提出的批评和抱怨。

二、处理客户投诉的原则

1. 建立健全各种规章制度

企业要有专门的客户服务制度和人员来管理客户投诉，另外要做好各种预防工作，对客户投诉防患于未然。因此，需要不断提高企业全体员工的素质和业务能力，树立全心全意为客户服务的思想，加强企业内、外部投诉信息的交流。

2. 一旦出现客户投诉，应及时处理

对于客户投诉，各部门应通力合作，迅速做出反应，力争在最短时间内全面解决问题，给客户一个圆满的答复。否则，拖延时间或推卸责任，只会激怒投诉者，使事情进一步复杂化。

3. 处理问题时应分清责任，确保问题妥善解决

企业不仅要分清造成客户投诉的责任部门和责任人，而且要明确处理投诉的各部门、各类人员的具体责任与权限，妥善处理客户的投诉。

4. 对每一起客户投诉及其处理都要做详细的记录

企业对每一起客户的投诉及其处理都要做出详细记录，制作客户投诉记录表，见表 7—2—1。记录应包括投诉的内容、处理过程、处理结果、客户满意程度等。通过记录总结经验、吸取教训，为以后更好地处理客户投诉提供参考。

表 7—2—1　　客户投诉记录表

记录人		记录时间	年　月　日　点　分	编号	
客户情况	客户名称		客户编号		
	客户地址				
	联系人		联系电话	传真	
	其他内容				
投诉方式	1. 电话　2. 传真　3. 信件 4. 邮件　5. 来访　6. 其他				
投诉内容	1. 品质（故障）　2. 品质（损坏）　3. 品质（其他________） 4. 数量　5. 货期　6. 态度　7. 服务　8. 其他				
	详细内容				
客户要求	1. 更换　2. 修理　3. 退货（数量：________　金额：　　　） 4. 赔款________元　5. 折价________%________元　6. 赔礼道歉　7. 其他				
	备　注				
紧急度	1. 非常紧急　2. 急　3. 普通				
客户中心意见					
营销中心意见					
处理结果					
客户反馈					
主管批示					
备注					

三、处理客户投诉的程序

处理客户投诉的程序一般包括以下几个步骤，如图 7—2—1 所示。

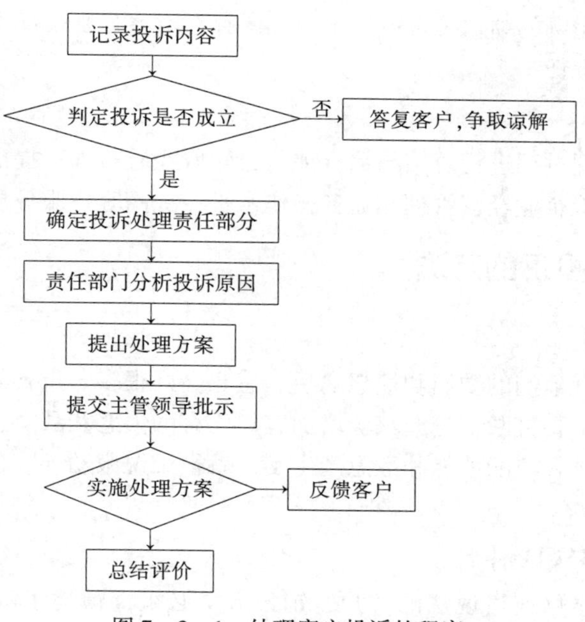

图 7—2—1　处理客户投诉的程序

1. 记录投诉内容

客户投诉处理人员应在第一时间，利用客户投诉记录表详细记录客户投诉的全部内容，如投诉人、投诉时间、投诉对象、投诉要求等。

2. 判定投诉是否成立

了解客户投诉的内容后，要判定客户投诉的理由是否充分、投诉要求是否合理。如果投诉不能成立，就要采取婉转的方式答复客户，取得客户的谅解，消除误会。

3. 确定投诉处理责任部门

根据客户投诉的内容，确定相关的具体受理单位和受理负责人。例如，运输问题由运输管理部门处理，质量问题由质量管理部门处理，服务问题由服务部门处理。

4. 责任部门分析投诉原因

有关责任部门要查明客户投诉的具体原因及造成客户投诉的责任人。

5. 提出处理方案

根据实际情况，参照客户的投诉要求，有关部门要提出解决投诉问题的具体方案，如退货、换货、维修、折价、赔偿等。

6. 提交主管领导批示

对于客户投诉，领导应予以高度重视。主管领导应对投诉的处理方案一一过目，及时做出批示，根据实际情况，采取一切可能的措施，挽回已经出现的损失。

7. 实施处理方案

企业对已经做出决定的处理方案要贯彻落实，并通知客户，收集客户的反馈意见。对造成客户投诉的直接责任人和部门主管要按照有关规定进行处罚，依照投诉所造成的损失大小，扣罚责任人一定比例的绩效工资或奖金。如果存在对客户敷衍或不认真对待的问题，还要对责任人追究行政责任。

8. 总结评价

最后，对投诉处理过程进行总结与综合评价，吸取经验教训，提出改进对策和客户投诉分析报告，以不断完善企业经营管理和业务操作水平，提高客户服务质量，降低投诉率。

四、处理客户投诉的方法

1. 鼓励客户投诉

客户在有机会倾诉他们的委屈和愤怒之后，感觉会好很多。重要的是，销售人员要让客户充分地诉说委屈而不要打断，打断只会增加客户已有的愤怒和敌意，并且使问题变得更加复杂，更难处理。一旦客户的愤怒和敌意产生了，就很难说服劝导，也很难再找到让双方都接受的解决方案。

2. 获得和判断事实真相

面对极力为自己索赔或讨说法的客户，销售人员必须谨慎地了解与投诉有关的事实信息。客户通常会强调那些支持自己观点的情况，所以销售人员应在全面地、客观地了解情况的基础上，找到令人满意的解决办法。

当事实不能揭示问题的真相，或客户与企业反映出的信息都有错误时，需要让客户知道获得一个公平解决问题的办法。无论如何，目标仍然是使客户投诉得到公平的处理。

3. 提供解决办法

在倾听客户意见，并从客户的立场出发考察每一种因素之后，销售人员有责任采取行动，提出公平合理的解决办法。所以，一些企业规定由销售人员做出处理决定；也有一些企业规定，解决问题的方案应由总部的理赔部门做出，销售人员应调查问题并提出解决问题的参考方案。规定由销售人员做出处理决定的企业认为，销售人员最接近客户，他们最适合以恰当的方式做出公平的、令客户满意的解决方案；规定由总部做出处理决定的企业认为，如果解决方案来源于管理层而非销售人员，客户可能更容易接受。

4. 公平解决索赔

为了帮助企业提出一个公平合理的解决办法，销售人员必须获得下列信息：客户索赔的金额和索赔的频率、客户账户的数量和客户的重要程度、企业所采取的行动对其他客户可能的影响程度等。在获取了以上信息之后，企业可选择的解决方案有以下几种：

（1）产品完全免费退换。

（2）产品完全退换，由客户支付劳动力和运输费用。

（3）产品完全退换，由客户和企业共同承担相关费用。

（4）产品完全退换，支付客户折扣价格。

（5）企业负责维修，客户承担维修费用。

（6）产品返厂，再作处理。

（7）客户向第三方索赔。

任务实施

此次 A 客户的投诉类型属于客户对服务的投诉，即对推销员李丹提供的服务质量、服务态度、服务方式及服务技巧等提出的批评和抱怨。客户在投诉半个月后仍未得到答复，商场的做法违背了客户投诉有章可循原则和及时处理原则。

商场应当按照以下投诉处理的程序进行：

一、记录投诉内容

投诉内容见表 7—2—2。

表 7—2—2　　客户投诉记录表

<table>
<tr><td>记录人</td><td>钱××</td><td>记录时间</td><td colspan="2">2017 年 8 月 8 日 18 点 08 分</td><td>编号</td><td>ZBGT—08—124</td></tr>
<tr><td rowspan="4">客户情况</td><td>客户名称</td><td colspan="2">A</td><td>客户编号</td><td colspan="2"></td></tr>
<tr><td>客户地址</td><td colspan="5">南京市××区××××</td></tr>
<tr><td>联系人</td><td>A</td><td>联系电话</td><td>0××—××××××××</td><td>传真</td><td>0××—××××××××</td></tr>
<tr><td>其他内容</td><td colspan="5">无</td></tr>
<tr><td>投诉方式</td><td colspan="6">1. 电话　2. 传真　3. 信件　4. 邮件　5. 来访　6. 其他</td></tr>
<tr><td rowspan="2">投诉内容</td><td colspan="6">1. 品质（故障）　2. 品质（损坏）　3. 品质（其他______）
4. 数量　5. 货期　6. 态度　7. 服务　8. 其他</td></tr>
<tr><td>详细内容</td><td colspan="5">珠宝首饰专柜推销员李丹，在 A 客户询问低档首饰时，态度冷漠、爱理不理，对客户不够尊重</td></tr>
<tr><td rowspan="2">客户要求</td><td colspan="6">1. 更换　2. 修理　3. 退货（数量：______金额：______）　4. 赔款______元
5. 折价______%______元　6. 赔礼道歉　7. 其他</td></tr>
<tr><td>备注</td><td colspan="5">除了推销员李丹的赔礼道歉，客户还希望知道投诉得不到及时处理的原因</td></tr>
<tr><td>紧急度</td><td colspan="6">1. 非常紧急　2. 急　3. 普通</td></tr>
<tr><td>客户中心意见</td><td colspan="6">由推销员李丹、珠宝首饰专柜主管和客服中心主管一起向客户 A 赔礼道歉，并告知商场对推销员的处理结果；对于商场的延迟处理，由客户服务中心主任向客户解释原因，并给出整改承诺</td></tr>
<tr><td>营销中心意见</td><td colspan="6">同意客户中心意见，请及时处理</td></tr>
<tr><td>处理结果</td><td colspan="6">已按照处理意见进行</td></tr>
<tr><td>客户反馈</td><td colspan="6">对处理结果表示满意</td></tr>
<tr><td>主管批示</td><td colspan="6"></td></tr>
<tr><td>备注</td><td colspan="6"></td></tr>
</table>

二、判断投诉是否成立

通过客户服务中心对推销员李丹当面询问和对客户的电话调查，了解到推销员李丹在对

A 客户的服务态度上存在问题，商场在接到 A 客户投诉 15 天后并未作出妥善处理，引起了客户的更大不满。因此，本次投诉理由充分，投诉要求合理。

三、确定责任部门，分析投诉原因

对于由于推销员的服务态度不当，没有给予客户足够的尊重而引起的投诉，由商场的珠宝首饰专柜作为责任部门；对于投诉没有及时处理引起的客户不满，由客户服务中心作为责任部门。

四、提出处理方案

由推销员李丹、珠宝首饰专柜主管和客户服务中心主管一起向客户 A 赔礼道歉，并告知客户商场对推销员的处理结果。

五、提交主管领导批示

商场营销中心的主管对此次投诉的处理方案过目并做出批示，根据实际情况，采取一切可能的措施，挽回已经出现的损失。

六、实施处理方案，处罚直接责任者

商场贯彻落实处理方案并回访客户 A，收集客户的反馈意见。对造成客户投诉的直接责任人推销员李丹、珠宝首饰专柜主管和客户服务中心主管要进行处罚，扣发责任人一定比例的绩效工资或奖金。

七、总结评价

商场应该做好客人投诉的整理分析工作，对投诉处理过程进行总结与综合评价，吸取经验教训，形成典型案例，并运用于日常培训体系中，以降低投诉率。

思考与练习

1. 企业处理客户投诉应遵循什么原则？
2. 简述处理客户投诉的方法和步骤。